Liebe Leserinnen, liebe Leser,

mit dieser Ausgabe von 360° DownUnder ist es nun leider nach mehr als 15 Jahren Zeit, Abschied zu nehmen: Das Magazin wird mit der vorliegenden Ausgabe 2/2024 eingestellt, unsere gemeinsame Reise endet zum 31. Dezember 2024.

Diese Entscheidung schmerzt ein wenig, zumal wir mit dem Vorläufermagazin 360° Neuseeland im Jahr 2008 unseren Verlag gegründet haben. Allerdings sehen wir uns trotz eines stabilen Abonnementgeschäfts bei diesem Magazin mit erheblichen wirtschaftlichen Herausforderungen konfrontiert. Aufgrund stark gestiegener Produktions- und Versandkosten einerseits und den – im Gegensatz zu den Magazinen 360° NordAmerika und 360° HeimatReisen – leider immer noch weit unter dem Vor-Corona-Niveau liegenden Anzeigen- und Mediaerlösen hat 360° DownUnder wirtschaftlich keine Perspektive mehr.

360° DownUnder und seine beiden Vorläufermagazine 360° Neuseeland und 360° Australien waren für uns stets Herzensprojekte. Es war uns eine Freude, Sie auf Entdeckungsreisen durch Australien und Neuseeland mitzunehmen, Ihnen spannende Reportagen zu liefern und Ihre Begeisterung für diese einzigartigen Länder zu teilen.

Auch wenn das Magazin 360° DownUnder eingestellt wird, bleibt unsere Begeisterung für Australien und Neuseeland ungebrochen. Wir werden weiterhin Bücher und Kalender zu diesen faszinierenden Regionen produzieren, um Ihnen die Schönheit und Kultur dieser Länder auf anderen Wegen näherzubringen. Aktuell sind in der Buchreihe „Abseits der ausgetretenen Pfade" gerade die beiden Bücher für Neuseelands Nord- und Südinsel in der 3. Auflage komplett aktualisiert worden. Druckfrisch ist in der gleichen Buchreihe ebenfalls ein neues Werk über Tasmanien, die Insel „Under Down Under", erschie-

nen. Zusätzlich finden Sie für 2025 insgesamt sechs Kalender in drei verschiedenen Formaten für Neuseeland und Australien in unserem Programm.

In dieser letzten Ausgabe nehmen unsere Autorinnen und Autoren Sie noch ein letztes Mal mit auf die Reise. Zunächst entdecken wir gemeinsam das Wanderparadies der Grampians im australischen Bundesstaat Victoria, lernen mehr über das reichhaltige und gesunde australische Bush-Food, bevor wir Ihnen die Ormiston Gorge und die Glen Helen Gorge im Northern Territory ans Herz legen.

Anschließend geht es an die Westküste der neuseeländischen Südinsel und auf der Nordinsel stellt Jenny Menzel die eher unbekannte Mahia Peninsula vor. Und ganz zum Schluss begleiten wir Melina Keil auf dem Te Araroa über 3000 Kilometer zu Fuß und quer durch Neuseeland.

Wir wünschen Ihnen auch für die Zukunft wunderbare Erlebnisse in Ihren Traumdestinationen Neuseeland und Australien!

Ihre Redaktion 360° DownUnder.

Grampians National Park

Inhalt

Australien

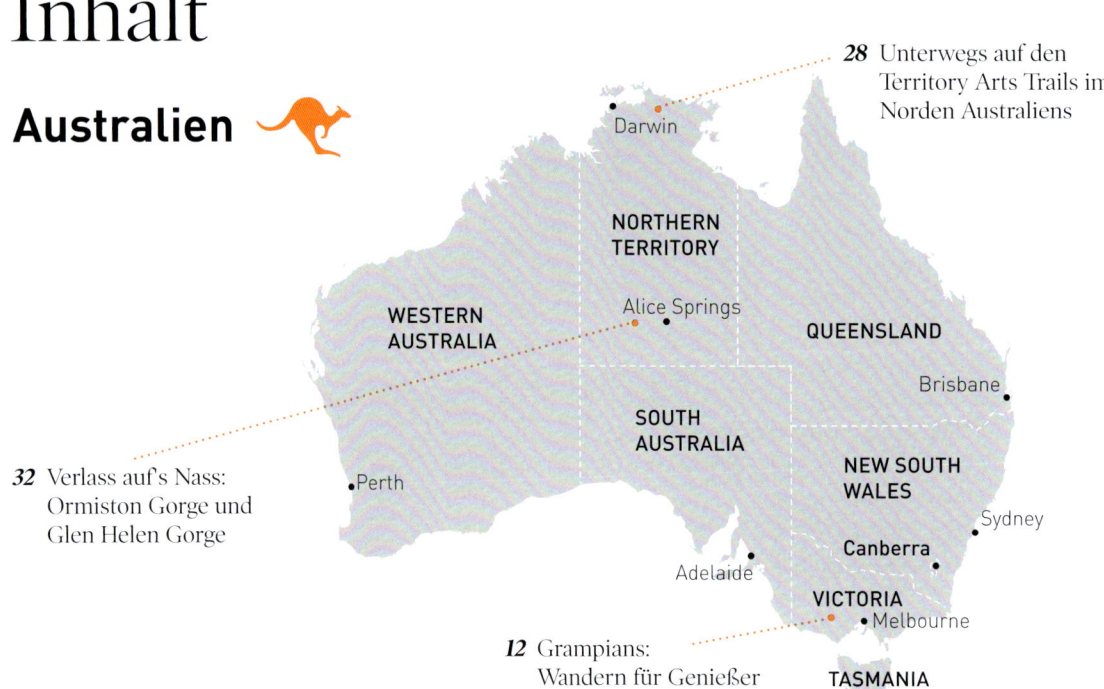

NORTHERN TERRITORY

Darwin

WESTERN AUSTRALIA

Alice Springs

QUEENSLAND

Brisbane

Perth

SOUTH AUSTRALIA

NEW SOUTH WALES

Sydney

Canberra

Adelaide

VICTORIA

Melbourne

TASMANIA

Einsteigen

Australien

Neuseeland

Neuseeland

Impressum

48 Stunden in
Auckland

A uckland ist die größte Stadt Aotearoa Neuseelands und wird oft als „Stadt der Segel" bezeichnet, weil sie über eine beeindruckende Anzahl von Yachten und Segelbooten verfügt und eine starke maritime Kultur hat.

Die Stadt ist Startpunkt der meisten Neuseelandreisen, da hier die meisten Flüge aus Europa landen. Die Flüge aus Deutschland kommen in der Regel in der Frühe an. Auckland bietet eine einzigartige Mischung aus atemberaubender Natur, reicher Kultur und aufregender Gastronomie: Reisende sollten sich mindestens zwei Tage Zeit nehmen, um die zahlreichen Facetten der Metropole kennenzulernen. Dieser 48-Stunden-Reiseplan zeigt das Beste von Auckland und Umgebung – vom Naturparadies Waitakere Ranges über die Weingüter von Waiheke Island und die faszinierende Māori-Kultur bis hin zu köstlichen Speisen in erstklassigen Restaurants.

Neuseeland ist ein ganzjähriges Reiseziel, aber besonders in der Nebensaison (März bis November) hat Auckland seinen Charme: Es sind weniger Touristen unterwegs und die Atmosphäre ist entspannter. Die Nebensaison eignet sich, um die beeindruckende Natur rund um Auckland zu erkunden, da die Landschaft oft grüner ist und viele Tiere, wie Wale und Delfine, aktiver sein können.

Tag 1: Stadterkundung, Māori-Kultur und Meerestiere

Nach der Ankunft am Auckland Airport geht es zum Hotel Britomart. Es ist das erste Hotel in Neuseeland, das aufgrund seiner Nachhaltigkeitsstandards die 5-Green-Star-Auszeichnung erhalten hat. Das Britomart-Viertel ist durch die zentrale Lage, die gute Anbindung und das lebhafte Ambiente ein idealer Ausgangspunkt für einen Aufenthalt in Auckland.

Auch für ein geringeres Budget findet man in dieser zentralen Lage die passende Unterkunft. Es gibt beispielsweise Copthorne Hotel Auckland City, CityLife Auckland und das Nesuto Stadium Hotel and Apartments.

09:30 Uhr: Entspannte Erkundung der Innenstadt
Nach dem Einchecken können die Reisenden die Innenstadt erkunden. Die nähere Umgebung besticht durch Boutiquen, Cafés und moderne Architektur.

Etwa 15 Minuten zu Fuß vom Hotel liegt der Viaduct Harbour, der für seine lebhafte Atmosphäre, erstklassige Gastronomie und seinen beeindruckenden Ausblick bekannt ist. Der nicht weit entfernte Albert Park ist eine schöne Gartenanlage mitten in der Stadt. Hier befinden sich Denkmäler und Statuen, die an die Geschichte Neuseelands und Aucklands erinnern. Außerdem bietet der Park einen eindrucksvollen Ausblick auf die Skyline der Stadt.

11:00 Uhr: Auckland War Memorial Museum & Māori-Kulturerlebnis
Anschließend steht das Auckland War Memorial Museum auf dem Programm, welches die neuseeländische Geschichte näherbringt. Es ist ein Ort, um die Māori-Kultur zu erleben und zu verstehen. Die große Māori-Kunstsammlung umfasst zahlreiche Artefakte, darunter traditionelle Māori-Kunstwerke

wie geschnitzte Holzobjekte, Tā-Moko (Māori-Tattoo-Kunst) und Textilien, die die kulturelle Identität und die Handwerkskunst der indigenen Bevölkerung repräsentieren. Im Museum sind auch traditionelle Māori-Kanus (Waka) ausgestellt, die einen wichtigen Teil der Māori-Kultur und -Geschichte darstellen.

Das Museum bietet interaktive und multimediale Ausstellungen, die den Besuchern einen Einblick in die Traditionen, Bräuche und das tägliche Leben der Māori geben. Außerdem werden regelmäßig kulturelle Aufführungen veranstaltet, bei denen traditionelle Tänze (Haka) und Gesänge vorgeführt werden.

13:00 Uhr: Mittagessen im Ahi Restaurant

Nach dem Museumsbesuch geht es wieder in Richtung des Britomart-Viertels, um zu Mittag zu essen. Das Ahi Restaurant ist bekannt für moderne neuseeländische Küche mit frischen, regionalen Zutaten. Die Gäste können lokale Spezialitäten wie Lamm, Fisch oder Wildgerichte, die kreativ serviert werden, genießen.

14:30 Uhr: Whale & Dolphin Watching Tour

Nach dem Essen geht es einen fünf Minuten Fußweg zurück zum Viaduct Harbour, denn die Tikapa Moana Whale & Dolphin Wildlife Cruise Tour startet. Diese 4,5-stündige Tour bietet die Gelegenheit, in der Hauraki Gulf Region Delfine, Buckelwale und viele andere Meerestiere zu beobachten. Insbesondere im späten Winter und Frühling (Juni bis November), gibt es häufig gute Sichtungschancen für verschiedene Walarten, die in den Gewässern um Auckland unterwegs sind oder die Region zur Fortpflanzung aufsuchen. Dies erhöht die Wahrscheinlichkeit, sowohl Wale als auch Delfine zu sehen.

20:00 Uhr: Abendessen im Ember Restaurant

Den ersten Abend können Reisende im Ember Restaurant ausklingen lassen. Das Lokal legt großen Wert auf Nachhaltigkeit und ist für seine innovative Feuerküche und frische lokale Zutaten bekannt. Ember hat eine sorgfältig kuratierte Weinkarte, die sowohl lokale als auch internationale Weine umfasst, die gut zu den Gerichten passen. Außerdem werden kreative Cocktails angeboten, die die Aromen der saisonalen Zutaten hervorheben.

Tag 2: Waiheke Island und Waitakere Ranges

10:00 Uhr: Fähre nach Waiheke Island

Es geht mit der Fähre vom Fährterminal Auckland (etwa 15 Minuten zu Fuß vom Hotel entfernt) nach

Waiheke Island (etwa 40 Minuten Fahrt). Die Insel bietet wunderschöne Strände und beherbergt zahlreiche renommierte Weingüter, die Weinproben und gastronomische Erlebnisse anbieten. Die Weine, insbesondere die Rotweine, sind für ihre sehr gute Qualität bekannt.

10:45 Uhr: Besuch des Mudbrick Vineyard

Auf Waiheke Island angekommen, geht es zum Mudbrick Vineyard. Besucher genießen die Weinprobe und den atemberaubenden Blick auf das Meer sowie die Weinberge. Mudbrick ist bekannt für seine hochwertigen Trauben, insbesondere seine Rotweine und Sauvignon Blanc. Die Weinproduktion erfolgt mit einem Fokus auf Nachhaltigkeit und die Verwendung lokaler Trauben. Während der Nebensaison, insbesondere im Frühling und Herbst, ist das Wetter oft mild und angenehm. Dies ermöglicht es den Gästen, die Weinberge und die Umgebung in einer malerischen Atmosphäre zu genießen, ohne die Hitze des Sommers oder die Menschenmassen. Das sorgt auch für ein persönlicheres Erlebnis.

14:00 Uhr: Rückfahrt nach Auckland mit der Fähre und Besuch der Waitakere Ranges

Mit der Fähre geht es wieder zurück, um ein wahres Naturparadies zu besuchen: Waitakere Ranges

Regional Park. Dieser verfügt über eine Mischung aus unberührten Wäldern, dramatischen Küstenlinien, rauschenden Wasserfällen und schwarzen Sandstränden. Der „Wilde Westen" Aucklands fühlt sich an wie eine eigene Welt, und ist dennoch nur eine 40-minütige Autofahrt vom Stadtzentrum entfernt. Die Nebensaison bietet ruhigere Wanderwege: Reisende können einen entspannten Spaziergang durch den Regenwald unternehmen und die Karekare Falls oder den nahe gelegenen Karekare Beach besuchen, der mit seinem schwarzen Sand beeindruckt. Zu den beliebten kurzen Wanderungen gehört der 45-minütige Kitekite Track, auf dem es Wasserfälle, Bäche und Kauri-Bäume zu entdecken gibt. Wanderer können den Rufen der Tui-Vögel lauschen.

19:30 Uhr: Abendessen

Abendessen gibt es im angesagten Restaurant kingi, das für seinen Fokus auf nachhaltige Meeresfrüchte bekannt ist. Es befindet sich direkt im Hotel Britomart. Das Restaurant legt großen Wert darauf, die Herkunft seiner Zutaten transparent zu gestalten und arbeitet eng mit lokalen Fischern und Produzenten zusam-

men. Die Speisekarte bietet eine kreative Auswahl an Gerichten, die von frischen Austern und Muscheln über Ceviche bis hin zu perfekt zubereiteten Fischgerichten reicht. Vegetarische und regionale Spezialitäten runden das kulinarische Angebot ab.

Ab 21:00 Uhr: Cocktails in der Rocketman Bar

Ein perfekter Abschluss für den Städtetrip bietet die Rocketman Bar, direkt um die Ecke. Es ist ein angesagter Hotspot, der sich durch seine einzigartige Atmosphäre und ein kreatives Getränkeangebot auszeichnet. Die Cocktailkarte umfasst eine Vielzahl von kreativen und originellen Cocktails, die aus frischen, lokalen Zutaten zubereitet werden. Die Bar veranstaltet regelmäßig besondere Events und Themenabende: Live-Musik, Quizabende oder spezielle Cocktail-Promotionen.

Auckland bietet Reisenden die Möglichkeit, sich einen ersten Eindruck von Neuseelands Kultur, Natur und Tierwelt zu machen und damit das Abenteuer Neuseeland zu starten. Von der Metropole aus sollten Reisende die Nordinsel noch weiter erkunden. Ein nächster Stopp könnte Rotorua sein, etwa drei Autostunden von Auckland entfernt. Der Ort ist für seine geothermischen Aktivitäten und reiche Māori-Kultur bekannt. Heiße Quellen, Geysire und traditionelle Māori-Dörfer machen diese Region einzigartig.

Abenteuer in Australiens Nationalparks

Australien hat mehrere hundert Nationalparks, die sich über den gesamten Kontinent verteilen. 20 von ihnen gehören zum UNESCO-Welterbe – vier Parks stehen sogar sowohl auf der Natur- als auch Kulturerbe-Liste. Von Schluchten mit spektakulären Wasserfällen bis hin zur unendlichen Weite des Outbacks. Von weitläufigen Regenwäldern mit uralten Bäumen bis hin zu kilometerlangen Stränden und Sandlandschaften. Jeder Nationalpark Down Under hat seinen ganz eigenen Charme. Wir stellen sieben einzigartige Nationalparks in Australien vor.

Walpole-Nornalup Nationalpark: Die höchsten Eukalyptus-Bäume der Welt (Westaustralien)

Die Walpole Wilderness erstreckt sich direkt an der Südwestküste Australiens und umfasst gleich sieben Nationalparks und Schutzgebiete. Dieses einzigartige Naturparadies, 530 Kilometer südlich von Perth/Boorloo, ist berühmt für seine ausgedehnten Eukalyptuswälder. Hier wachsen die letzten großen Bestände der riesigen Jarrah-, Karri- und Red-Tingle-Bäume. Die Wälder gehen direkt in die Küste über, wo stille Buchten zum Baden einladen.

Kakadu Nationalpark

Der Kakadu Nationalpark, rund zwei Autostunden östlich von Darwin/Gulumerrdgen, ist der größte Nationalpark Down Under. Bei der UNESCO ist er sowohl als Weltnatur- als auch als Weltkulturerbe gelistet. Neben bis zu 20.000 Jahre alten Felsmalereien bietet der Nationalpark eine unglaubliche Biodiversität mit über 280 Vogelarten, 117 Reptilienarten und einer Vielzahl anderer Tier- und Pflanzenarten. Nicht umsonst gilt er als der artenreichste Nationalpark des Kontinents.

Daintree Nationalpark

Etwa 2,5 Stunden nördlich von Cairns/Gimuy liegt der Daintree Nationalpark. In ihm befindet sich der Daintree Rainforest, der mit 180 Millionen Jahren älteste tropische Regenwald der Welt. Mit den Wet Tropics zählt er zum UNESCO-Weltnaturerbe. Der 1.200 Quadratkilometer große Dschungel mit seinem smaragdgrünen Blätterdach ist malerisch schön und bietet einer Vielfalt von Tieren ein Zuhause, die ausschließlich hier zu finden sind: Neben dem Riesenbeutelmarder und dem Lumholtz Baumkänguru beeindruckt vor allem der seltene Kasuar, ein flugunfähiger Vogel, mit seinem prähistorischen Aussehen. Apropos Vielfalt: Im dichten Grün des Daintree können Besucher per

Boot Salzwasserkrokodile beobachten, die lokale Kultur der Aborigines bei einem Dreamtime Walk erkunden, beim River Drift Snorkeling über den Mossmann River durch den Regenwald floaten und den atemberaubende Mossman Gorge erleben, wo klares Wasser über massive Felsbrocken fließt.

Mungo Nationalpark

Dieser Nationalpark gehört zwar zum UNESCO-Welterbe, ist aber trotzdem noch recht unbekannt. Dabei gibt es nicht viele Landschaften auf der Erde, die so eindrucksvoll sind wie der Mungo Nationalpark. 700 Kilometer westlich von Sydney/Warrane wirkt hier die Umgebung wie eine Marslandschaft. Geprägt wird die Region von 17 ausgetrockneten Seen und Flussbetten, die zerklüftete Felsen und zahlreiche Sanddünen zurückließen.

benen Felsen, üppigen Feuchtgebieten und Auenwäldern mündet er in einer Seenlandschaft in der Nähe von Adelaide in den südlichen Ozean. Die Willandra-Seenregion, zu der auch der Murray River gehört, ist UNESCO-Kultur- und -Naturwelterbe. Besonders gut lässt sich die Region per Boot erkunden.

Grampians Nationalpark

Über dem Weideland an der Südküste von Australien erhebt sich die majestätische Bergkette der Grampians/Geriwerd. Für die Aboriginal People, die traditionellen Eigentümer des Landes, ist die Bergkette ein heiliger Ort. Das Brambuk Cultural Centre bietet Besuchern die Möglichkeit, mehr über die reiche Aboriginal-Kultur der Region zu erfahren. Landschaftlich lockt der Nationalpark nicht nur mit schillernden Wasserfällen und atemberaubenden Ausblicken über die weitläufige Berglandschaft, sondern beheimatet auch eine florierende Weinregion.

Murray River Nationalpark

Das Herz dieses Nationalparks ist der gewaltige Murray River. Er ist über 2.500 Kilometer lang und bietet Reisenden ein unvergessliches Abenteuer. Der zweitgrößte Fluss Australiens fließt seit rund 130 Millionen

Jahren von seinem Ursprung in New South Wales über Victoria bis nach Südaustralien und ist eng mit der Aboriginal-Geschichte und -Kultur verwoben. Über abwechslungsreiche Landschaften aus ockerfar-

Cradle Mountain-Lake St. Clair Nationalpark

Der Cradle Mountain-Lake St. Clair Nationalpark ist eines der letzten großen Wildnisgebiete der Erde. Die Tasmanische Wildnis, zu der auch der Nationalpark gehört, ist ebenfalls sowohl als Natur- als auch Kulturwelterbe gelistet. Geprägt wird die Landschaft von dramatisch gezackten Gipfeln, von Gletschern geformten Seen, weitläufigen Wiesenlandschaften und uraltem Regenwald. Das Wahrzeichen der Region im Westen Tasmaniens ist der Cradle Mountain. An den Flanken des 1.545 Meter hohen Berges stürzen eisige Bäche hinab und uralte Kiefern spiegeln sich in den Gletscherseen. Kein Wunder, dass sich auch das Wappentier Tasmaniens, der Tasmanische Teufel, hier zuhause fühlt. Um sein Wohlergehen kümmert sich die Schutz- und Aufzuchtstation Devils@ Cradle. In dem Naturschutzzentrum haben Besucher sowohl tagsüber als auch nachts die Möglichkeit, die scheuen Tiere zu beobachten. Am südlichen Ende des Nationalparks liegt still und dunkel der Lake St. Clair, Australiens tiefster Süßwassersee und zugleich letzte Etappe des berühmten Overland Tracks.

Grampians:
Wandern für Genießer

*Der Boroka Lookout
oberhalb von Halls Gap*

Der Halls Gap Lakeside Tourist Park

H ier gibt es sechs Jahreszeiten, Rieseneulen, lügende Vögel und Bullerbü-Örtchen, in denen die Kinder bei Minusgraden Eis schlecken dürfen: Die Grampians, ein Gebirgszug im australischen Bundesstaat Victoria, sind ein Wanderparadies – und erzählen manch skurrile Geschichte.

Im silbrigen Mondlicht werfen die Kängurus riesige Schatten. Schneeweiße Kakadus mit kecker gelber Kopffeder segeln vorbei, zetern kräftig und lassen sich auf

Justine Hide führt Touristen durch das Wanderparadies der Grampians.

Eukalyptusbäumen nieder. Ein Emu lugt hinter einem Busch hervor. Nebelschleier fallen von den Bergketten herab und verfangen sich in der Ebene wie Dampf in einer Schüssel. Die Temperatur sinkt unaufhörlich gen Gefrierpunkt. Es ist Herbst.

Wer hier im Halls Gap Lakeside Tourist Park direkt am Lake Bellfield sein Wohnmobil abgestellt oder eines der Cottages gebucht hat, hockt sich ans offene Feuer und schlingt die Jacke fester um sich. Doch der Zauber des Ortes lässt die Kälte vergessen. Im Outdoor-Restaurant glüht der Grill und in den Cottages liegen extra Decken bereit. Wer den Kopf in den Nacken legt, sieht, wie nach und nach die Sterne angeknipst werden und sich bald eine Kuppel mit Millionen Glitzerpünktchen über diesen idyllischen Ort spannt, an dem Menschen und Tiere wie gute Freunde zusammenleben.

Wer am nächsten Morgen blinzelnd die Augen öffnet, sieht gerade noch, wie sich der wabernde Dunst ins Nichts auflöst. Die Vögel flöten und zwitschern, andere krähen lautstark von den Bäumen. Ein strahlend schöner Tag bricht an. Ein Tag, den die Besucher des Grampians Nationalparks am liebsten in den Bergen verbringen. „Wir sind ein verstecktes Wander-Paradies", sagt Justine Hide, die in Halls Gap, dem 450 Einwohner zählenden

Hauptort der Grampians, wohnt und Touristen führt. Dabei liegen die Grampians, von den Aboriginal Gariwerd genannt, nur rund 250 Kilometer von Melbourne und 100 Kilometer von der Südküste entfernt. Und sie bieten alles, was Outdoor-Fans lieben: Wildlife, kaum berührte Natur, gut ausgebaute Wanderwege, dazu gemütliche Unterkünfte und – für Genussmenschen – ein paar hochkarätige Weinfarmen vor der Haustür.

Als erster Europäer bekam Sir Thomas Mitchell im Jahr 1836 die herrliche, wild zerklüftete Berglandschaft zu Gesicht und benannte sie nach den Grampian Mountains in seiner schottischen Heimat. Wie Riesenwellen, die plötzlich für die Ewigkeit erstarrt sind, schieben sich die gut tausend Meter hohen Bergkämme ins Land. Die vier Höhenzüge mit dem Mount William als höchstem Gipfel ziehen sich von Norden nach Süden und fallen gen Osten dramatisch steil in die Tiefe ab, so dass sich spektakuläre Ausblicke in die Ebene bieten.

Eines der schönsten Panoramen präsentiert sich vom Boroka Lookout nur 15 Kilometer von Halls Gap entfernt – wahlweise über einen Wanderweg erreichbar, aber

auch per Auto für alle, die wenig Zeit oder gerade keine Lust aufs Laufen haben. Von der hölzernen Plattform aus sieht man den von dicht bewaldeten Bergen eingerahmten Bellfield Lake in der Ferne wie einen Smaragd schimmern.

Zu Füßen liegt Halls Gap, der Dreh- und Angelpunkt für die Erkundung der Grampians. Das Örtchen könnte von Astrid Lindgren erschaffen sein und Bullerbü heißen. Es gibt nur drei Straßen, ein paar Häuschen mit Garten und Lattenzaun, einen Spielplatz, eine Grundschule und einen Dorfplatz mit Bäckerei, Café, Mini-Shop und einer Eisdiele. Diese bietet nicht

Halls Gap, der Dreh- und Angelpunkt für die Erkundung der Grampians

Lust auf ein Himmelstreppen-Eis in Halls Gap?

Das National Park and Cultural Centre

nur recht außergewöhnliche Sorten wie „Regenbogen", „Kaugummi" oder „Himmelstreppe", sondern ist auch eine Art Dorfgemeinschaftsplatz. Jeden Freitag, sommers wie winters, treffen sich hier alle zum süßen Schlecken. Sowieso wird der Zusammenhalt großgeschrieben. Über die Farbe des Swimmingpools wird zum Beispiel jedes Jahr gemeinsam neu abgestimmt – über Facebook.

Die Dorfidylle wird gepflegt. Da stört es auch nicht, dass rund ums Jahr Touristen kommen und in den rund 4000 Gästebetten rund um Halls Gap übernachten, um durch die Bergwelt zu streifen. Einen Anlass gibt es immer. Im Frühling blühen

Felsenzeichnung in den Grampians

Lilien und Orchideen, im Sommer kann man im Lake Bellfield und vier weiteren Seen baden und Forellen fangen, im Herbst herrschen beste Wanderbedingungen und im Winter lockt der Schnee auf dem Mount William.

Von vier Jahreszeiten spricht zumindest Touristenführerin Justine Hide. Die ursprünglichen Bewohner der Grampians, die Aboriginal-Clans Jardwadjali und Djab Wurrung, richten sich auch heute noch nach sechs Jahreszeiten, die sich an Wetter, Pflanzenwelt und Tierverhalten orientieren. Seit mehr als 20.000 Jahren besiedeln die Aboriginal diese Gebirgswelt. Sie nennen ihre Heimat Gariwerd und haben ihre ganz eigene Idee, wie sie entstanden ist. Geschaffen wurde sie ebenso wie die Wälder, Seen, Pflanzen und Tiere von Bunjil, der oft in Gestalt des Adlers Werpil über das Land flog, um zu schauen, ob alles in Harmonie zusammenspielt. Die tiefen Einschnitte im Gebirge gehen allerdings auf das Konto eines furchterregenden riesigen Emus namens Tchingal. Dieser stieg in die Luft auf, um die Krähe Waa zu verfolgen, die sein Nest plündern wollte. Waa versteckte sich in einer Felsnische in den Grampians, woraufhin der Riesenemu die Felsen mit seinem Fuß attackierte und die Berge spaltete.

Wer der Geschichte der Aboriginal in den Grampians auf die Spur gehen möchte, sollte das Museum „Brambuk: The National Park and Cultural Centre" in Halls Gap besuchen, dessen Dach einem fliegenden Kakadu gleicht. Hier erfährt man alles über den Riesenemu Tchingal, die Krähe Waa, hört Didgeridoo-Klänge und kann im „Bushfoods Cafe" Känguru, Emu und Krokodil probieren. Ebenso eindrucksvoll ist es, die indigene Felsenkunst in freier Natur anzuschauen. 90 Prozent aller Aboriginal-Felsenzeichnungen im Bundesstaat Victoria finden sich in den Grampians. 4000 Motive an 60 Fundorten sind bekannt. Besonders eindrucksvoll ist „Gulgurn Manja" – die „jugendlichen Hände". Der entsprechende Felsen an der Mount Zero Road ist übersät mit kleinen

Jutta Lemcke

Jutta Lemcke schreibt als Reisejournalistin für Tageszeitungen, Magazine und Online-Portale. Am liebsten reist sie weit in die Ferne und erzählt von fremden Kulturen, Naturwundern und den Menschen vor Ort. *juttalemcke.de*

Handabdrücken in Rot und Ockergelb. Eine weitere Stätte findet sich an der Straße von Stawell nach Pomonal. Hier ist der Schöpfer „Bunjil" mit seinen zwei Dingos zu sehen.

Doch nicht nur mythologische Vögel lassen Besucher in den Grampians staunen. Der Adventure-Guide Noell Nicholls kennt den dichten Wald aus Eukalyptusbäumen und Akazien wie seine Westentasche und verspricht eine Überraschung. Im Gänsemarsch geht es durch das Unterholz, vorbei an Mimosen, Farnen und ausgehöhlten Bäumen, aus denen das Harz tropft. Ein wildes Vogelkonzert übertönt das Knacken der Äste unter den Wanderstiefeln. Noell bleibt stehen, zeigt mit dem Arm in die Höhe und grinst triumphierend. Erst allmählich schält sich für das ungeübte Auge ein Umriss heraus: Ein Kauz – und was für einer! Ein mächtiges Tier namens „Powerful Owl", ein Riesenkauz, der hoch oben in der Astgabel sitzt, seinen Kopf neugierig kreisen lässt und mit seinen bernsteinfarbenen Augen nach Beute ausschaut. Dann erzählt Noell noch

Mit Guide Noell Nicholls kann man die Vogelwelt der Grampians entdecken.

vom Kookaburra-Vogel, dem „Lachenden Hans", der gickert, als hätte er etwas Lustiges gesehen. Und vom Lyre Bird, dem „Leierschwanz", einem echten Schelm, der sich gerne als etwas anderes ausgibt. Der Vogel mit einer Schwanzfeder in Form einer Leier kann alles nachahmen, was ihm beliebt – vom Feueralarm, über Autolärm bis zu Babygeschrei. „Ein echter Lügenvogel", findet Noell.

Für Wanderer sind die Grampians ein Paradies. Rund 50 verschiedene Walks sind ausgeschildert. 2015 wurde noch einmal draufgesattelt. Der Grampians Peak Trail geht über 164 Kilometer und ist in 13

Unterwegs auf dem Grampians Peak Trail

Tagesetappen von 11 bis 16 Kilometern bei 12 Übernachtungen in Camps unterteilt. Er startet am Mount Zero im Norden und führt durch eine spektakuläre Bergwelt mit Panoramaausblicken, entlang steiler Felswände und vorbei an heiligen Orten der Aboriginal über den Gipfel Gar und durch Halls Gap bis zum Ort Dunkeld im Süden.

Wem dieses Wanderabenteuer ein wenig anstrengend erscheint, der kann in einigen Punkten beruhigt werden. Die zwölf Raststationen auf dem Weg sind sehr gut ausgestattete Camps mit Holzplateaus für Zelte, überdachtem Gemeinschaftsraum, Wasser und Toiletten. Außerdem ist es möglich, sich in die Camps frische Verpflegung bringen zu lassen, so dass diese nicht mit in den Rucksack muss.

Weitere gute Nachricht: Fast alle Strecken können auch unabhängig als Tagestour gemacht werden. Adrian Manikas ist Treckingguide auf dem Trail und zeigt eine

Übernachtungsplattform auf dem Grampians Peak Trail

Teilstrecke von Halls Gap zum Werdug Hike-in Campingplatz. Bevor es in den dichten Wald geht, heißt es erst einmal: Schuhe putzen. Eine Putzstation mit Bürsten steht am Anfang des steilen Pfades. Sie soll verhindern, dass sich der Cinnamon fungus in den Grampians ausbreitet. Der invasive Pilz führt bei vielen Pflanzen zu Wurzelfäule und bedroht ganz Regionen.

Der Grampians Peak Trail führt an bizarren Felsformationen vorbei.

Grandioser Ausblick auf den Lake Wartook

hängen mit Aboriginal-Symbolen vorbeiführt. Der Werdug Hike-in Campingplatz ist nach kurzem Aufstieg erreicht und entpuppt sich als echte Luxusvariante. Holzstege führen zu Plattformen für Zelte und ins verglaste Gemeinschaftshaus, wo Adrian gleich Kaffee kocht und Lunchpakete auspackt. Wer es noch bequemer möchte, kann in Werdug in kleinen Designer-Bungalows mit großen Panoramafenstern mitten in der Wildnis übernachten. Die Aussicht ist grandios: Wer hier aufwacht, genießt einen unverstellten Blick auf den blau schimmernden Lake Wartook tief unten in der Ebene. Wandern kann purer Genuss sein – die Grampians zeigen, wie's geht.

Adrian macht vor, wie man die Stiefel richtig säubert.

Dann geht es los, einen kleinen verwunschenen Pfad entlang, der an Felsüber-

---

visitgrampians.com.au

Am Ostrand der Grampians liegen einige hochkarätige Weinfarmen. Angebaut werden vor allem Shiraz, Cabernet Sauvignon und Pinot Noir sowie als Weißweinsorten Chardonnay, Sauvignon Blanc und Riesling. Eine Besonderheit sind Schaumweine, vor allem aus der Shiraz-Traube. Weinverkostungen bieten zum Beispiel das Pomonal Estate (*www.pomonalestate.com.au*) oder Fallen Giants (*www.fallengiants.com.au*).

In Dunkeld am Südrand der Grampians betreibt das Royal Mail Hotel für die zwei eigenen Restaurants den größten Küchengarten Australiens. Unter der Leitung von Chefkoch Robin Wickens wird hier alles biologisch angebaut, was man überhaupt in einer Küche verwenden kann – von Shitake-Pilzen bis Spargel, von Brunnenkresse bis Wasabi. Besucher können Führungen durch den Garten buchen. *royalmail.com.au*

ÜBERNACHTEN
- Halls Gap Lakeside Tourist Park: Cottages und Stellplätze für Wohnmobile direkt am Grampians Nationalpark. Eine Besonderheit sind die vielen Kängurus und Emus, die regelmäßig das Gelände besuchen.
- Mount William Station: Stilvolle Zimmer in einem historischen Farmgebäude in malerischer Landschaft am Fuße der Grampians: *mountwilliamstation.com*

- Hotel Vera Ballarat: Luxuriöses Boutiquehotel mit sieben individuell designten Zimmern in einem historischen Gebäude im Zentrum von Ballarat: *hotelballarat.com.au*

ESSEN UND TRINKEN
- Wickens – Royal Mail Hotel: Preisgekröntes Restaurant unter der Führung von Robin Wickens. Es wird saisonal mit Zutaten aus dem eigenen Garten gekocht. *royalmail.com.au/dining/wickens*
- Babae at Hotel Vera: Zeitgenössische australische Küche auf höchstem Niveau nach dem Farm-to-table-Prinzip. *hotelballarat.com.au/babae*

AKTIVITÄTEN
- Grampians Peak Trail: *visitgrampians.com.au/see-do/get-outdoors/grampians-peaks-trail*

Australien – Der bunte Kontinent der Kontraste

Australien wird oft als „Roter Kontinent" bezeichnet – doch wer diesen einzigartigen Flecken Erde bereist, erkennt schnell, dass das nur die halbe Wahrheit ist. Neben den weiten, roten Wüstenlandschaften entfaltet sich im Osten des Kontinents ein sattes Grün: Hier liegt der Daintree Rainforest, der älteste tropische Regenwald der Welt. Ein Naturjuwel, das von keinem Geringeren als Sir David Attenborough als „der außergewöhnlichste Ort der Erde" beschrieben wurde. Diese Region zeigt eindrucksvoll, wie tief die Vielfalt Australiens reicht – von den Regenwäldern bis zu den Blauen Bergen, deren mystische Färbung durch die ätherischen Öle der Eukalyptusbäume entsteht.

Entlang der Küsten erwartet uns eine weitere Facette: blendend weiße Sandstrände, die in das bunte Unterwasserparadies des Great Barrier Reef übergehen. Hier entdeckt man die faszinierende Vielfalt der Meeresbewohner: Clownfische gleiten durch Seeanemonen, ein schillernder Napoleon-Lippfisch zieht neugierig vorbei, und plötzlich huschen farbenfrohe Falterfische hervor – jede Begegnung eröffnet neue Facetten der atemberaubenden Unterwasserwelt.

Das Great Barrier Reef fasziniert mit seiner Artenvielfalt.

Doch nicht nur das Blau und Grün, auch das Rot des Outbacks hat seine ganz eigene Magie. Besonders eindrucksvoll ist der Uluru, der je nach Tageszeit seine Farbe verändert. Am Abend wirken seine Farbenspiele fast schon surreal – wie ein Film, nur besser. Am nächsten Morgen erkunden wir die spirituelle Bedeutung dieses Ortes für die Aborigines. Ihre Geschichten und Legenden verleihen dem Uluru eine noch tiefere Dimension.

Uluru im Sonnenuntergang

Besonders bereichernd sind die Begegnungen mit den Ureinwohnern Australiens. Sie gewähren uns einen einzigartigen Einblick in ihre Kultur und Traditionen. Authentische Erlebnisse und tiefe menschliche Begegnungen machen die Reise zu einem unvergesslichen Abenteuer.

gebeco.de/australien

Gebeco
Reisen, die begeistern

Bush-Food-Reise in Victoria:

Indigene Schatzkiste

*Eine Auswahl an indige-
nem Bush-Food*

Warrigal Greens sind vollgepackt mit Vitaminen und Antioxidantien

B ush-Food ist lange Zeit stiefmütterlich behandelt worden. Dabei stecken die einheimischen australischen Pflanzen voller wertvoller Vitamine. Seit einiger Zeit besinnen sich nun aber immer mehr Australier auf die „Schätze aus dem Busch". Melbourne und Umgebung sind dabei besonders innovativ. Selbst die Raumfahrtindustrie ist hellhörig geworden.

Die fleischigen grünen Blätter haben den morgendlichen Tau eingefangen. Kleine Insekten sitzen auf den Pflanzen, die den Boden wie ein Teppich bedecken. Auf den ersten Blick könnte man Warrigal Greens für eine Unkrautpflanze halten. Dabei sind die Pflanzen so vollgepackt mit Vitaminen und Antioxidantien, dass sie auf der Speisekarte von Astronauten stehen könnten. Letzteres hat ein australisches Pilotprojekt namens „Growing Beyond Earth" im vergangenen Jahr herausgefunden. Das Projekt untersuchte, ob und wie australischer Bush Tucker Weltraumreisende ernähren könnte. Warrigal Greens wie auch die australischen Buschtomaten oder die gelb blühenden Murnong schafften es dabei in die engere Wahl. Von ihnen

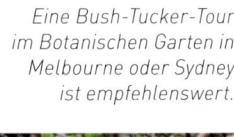

Eine Bush-Tucker-Tour im Botanischen Garten in Melbourne oder Sydney ist empfehlenswert.

erhofft man sich, dass sie Menschen im All eine abwechslungsreichere und gesündere Ernährung bieten können.

Mit Warrigal Greens gegen Skorbut

Das Pilotprojekt, das von den Royal Botanic Gardens Victoria geleitet wurde, interessierte sich aber auch deswegen für die einheimischen australischen Pflanzen, weil sie auf kargen Böden und trotz Wasserknappheit gedeihen. Damit eignen sie sich besonders gut für die Bedingungen auf der Internationalen Raumstation. Murnong beispielsweise ist seit Millionen von Jahren ein Grundnahrungsmittel der Aborigines. Die Wurzel der Pflanzen ist achtmal nahrhafter als eine Kartoffel.

Warrigal Greens ist das australische Äquivalent zum Spinat.

Warrigal Greens ist das australische Äquivalent zum Spinat und enthält eine hohe Dosis an Vitamin C. Die Pflanze wächst in salzhaltigen Böden entlang der australischen Küste und ist ein vielseitiges Gemüse, das in einer Fleischpfanne, in Quiche oder als Pesto verarbeitet werden kann. Warrigal Greens war eine der ersten einheimischen Pflanzen, die die Mannschaft von Kapitän James Cook im 18. Jahrhundert aß, um Skorbut vorzubeugen.

Nachdem das Interesse an den Schätzen im australischen Busch stark zugenommen hat, bietet der Botanische Garten in Melbourne eine Aboriginal Bush Tucker Tour für Besucher an. Während dieser sprechen indigene Experten über einige

Die Royal Botanic Gardens in Melbourne

der besonders beliebten einheimischen Pflanzen, ihre Eigenschaften und wie sie am besten zubereitet werden.

Eine langsame Erfolgsgeschichte

Die gesundheitlichen Vorteile von Bush-Food hat man vor rund zehn Jahren erstmals erkannt. „Einzelkämpfer" für die indigenen Zutaten gab es dabei auch früher schon: „Ich habe 25 Jahre lang versucht, Bush Tucker zum Trend zu machen", berichtete Greg Hampton, ein australischer Koch in Melbourne, der mit das Beste auftischt, was einheimische Genüsse zu bieten haben.

Selbst Prinz Harry und seine Frau Meghan waren einst bei Hampton zu Gast, als sie Australien besuchten. Hampton war als junger Koch einst durchs Land gereist und hat dabei von indigenen Australiern viel über die einheimische Pflanzen-

Eine Handvoll Bush Tucker

**Barbara
Barkhausen**

Unsere Autorin Barbara Barkhausen lebt seit über 15 Jahren am anderen Ende der Welt. Als Auslands-korresponden-tin arbeitet sie für verschiedene deutsche und australische Medien und hat bereits einige Bücher über ihr neues Heimat-land veröffentlicht.

und Tierwelt gelernt. Während seiner Reisen traf er auch auf einen Wissenschaftler, der damals als einer der ersten versuchte, Native Foods zu kommerzialisieren. Nachdem er über Jahre hinweg wenig Erfolg hatte, den Leuten die Zutaten aus dem Busch schmackhaft zu machen, kam der Ball in den Jahren vor und vor allem auch während der Pandemie schließlich ins Rollen.

Letzteres verdanken die Australier nicht zuletzt einem Europäer: René Redzepi, ein dänischer Küchenchef, der als einer der besten Gastronome der Welt gilt, öffnete den Australiern 2016 die Augen, als er ein Pop-up-Restaurant in Sydney auf die Beine stellte und dort plötzlich raffinierte Gerichte mit Kakadu-Pflaumen, Salzbusch, Krokodilfett, Pfefferbeeren und Youlk servierte. Youlk ist eine von vielen essbaren Wurzeln im australischen Busch und kann ganzjährig geerntet werden. Die Wurzel hat eine knackige, apfelähnliche Textur und ähnelt geschmacklich einer Mischung aus Karotte und süßem Eukalyptus. Die Zutaten verglich Redzepi damals mit einer „Reise zum Mond". „Die Nahrungsmittel sind so

alt – sie sind 50.000 Jahre alt", sagte er damals gegenüber lokalen Medien. Das sei einzigartig und etwas ganz Besonderes.

6500 essbare Pflanzen

Inzwischen sind Zitronenmyrte und Lilly Pilly besonders beliebt. Zitronenmyrte eignet sich sowohl zum Würzen von gebratenem Huhn, fügt aber auch in Süßspeisen wie Käsekuchen eine interessante Note hinzu. Lilly Pilly erlebte nicht zuletzt einen Boom, als bekannt wurde, dass die Früchte des Busches die Kollagenproduktion verbessern.

Zitronenmyrte eignet sich zum Würzen von gebratenem Huhn.

Auch im Ausland wächst das Interesse stetig: Hier ist vor allem die Nachfrage nach Früchten und Nüssen groß. Macadamianüsse sind dabei wahrscheinlich der bekannteste Bush-Tucker-Export Australiens. Die große, wohlschmeckende Nuss, die zu den teuersten Nüssen der Welt gehört und daher auch gerne als „Königin der Nüsse" bezeichnet wird, wurde bereits vor Jahrtausenden von den australischen Ureinwohnern verzehrt. Ihren Durchbruch erlebte die Nuss aber, als die Europäer 1848 mit ihr in Kontakt kamen.

Unter den Früchten aus dem Busch stechen vor allem die Davidson- wie auch die Kakadu-Pflaume heraus. Davidson-Pflaumen sind Regenwaldfrüchte mit einem würzigen, eher säuerlichen Geschmack,

Der dänische Küchenchef René Redzepi war einer der Pioniere der Bush-Tucker-Gastronomie.

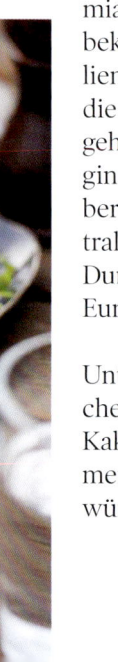

Native Food im Brambuk National Park and Cultural Centre in Halls Gap (Grampians)

Kakadu-Pflaume

Ein beliebtes Bush-Food sind auch die einheimischen Pfirsiche, die sogenannten Quandongs. Sie schmecken gut mit Wildfleisch – aus ihnen lassen sich aber auch leckere Marmeladen und Kuchen herstellen. Die blauen Dianella-Beeren gelten als Superfood. Sie haben einen süßlichen Geschmack, während die Samen im Inneren eher nussig sind.

Die Quandongs sind eine australische Pfirsichart.

die sich gut für Nachspeisen eignen oder um Soßen zu verfeinern. Die Kakadu-Pflaume ist nicht nur schmackhaft, sondern auch sehr gesund. Die Früchte sind reich an Antioxidantien und enthalten mehr als die 100-fache Menge Vitamin C einer Orange. Indigene Völker verwenden die Frucht seit Jahrtausenden wegen ihrer konservierenden und medizinischen Eigenschaften.

Insgesamt gibt es über 6500 essbare Pflanzen im australischen Busch und die meisten haben unterschiedliche Verwendungszwecke. Ein gutes Beispiel dafür ist Lomandra, eine Pflanze, die so vielfältig ist, dass eine indigene Expertin sie einst einen wahren „Tante Emma-Laden" nannte. Aus ihren Samen lässt sich Mehl produzieren, an den Blattenden kann man kauen, um nicht zu dehydrieren und aus den Blättern selbst können Körbe oder Seile geflochten werden.

BUSH TUCKER ONLINE
(Bush Food nach Hause bestellen)
Melbourne Bush Food: *melbournebushfood.com.au*

ESSEN
- Bush Cafe & Aboriginal Art Gallery, 27 Scriveners Road, Kalimna West, VIC 3909 Tel: +61 3 5152 5100, *gunaikurnai.org/our-economy/bush-cafe/*
- Interlude Bar, 44 Chapel Street, Windsor, VIC 3181, E-Mail: *info@interludebar.com.au, interludebar.com.au*
- Mabu Mabu,13 Anderson Street, Yarraville, VIC 3013, Tel: +61 438 860 013, *mabumabu.com.au*
- Narana Aboriginal Cultural Centre, 410 Surf Coast Highway, Grovedale, VIC 3216, Tel: +61 3 5241 5700, *narana.com.au*
- Tae Rak Aquaculture Centre at Budj Bim, Vaughans Road, Breakaway Creek, VIC 3303, Tel: +61 3 4504 2426, *budjbim.com.au*

AKTIVITÄTEN
- Aboriginal Heritage Walk Royal Botanic Gardens, Birdwood Avenue, Melbourne, VIC 3000, Tel: +61 3 9252 2429, *rbg.vic.gov.au*

- Bunjilaka Aboriginal Cultural Centre, 11 Nicholson Street, Carlton, VIC 3053, Tel: +61 3 8341 7777, *museumsvictoria.com.au/bunjilaka/*
- Brambuk The National Park & Cultural Centre, 277 Grampians Road, Halls Gap, VIC 3381, Tel: +61 3 8427 2058, *visitgrampians.com.au/products/brambuk---the-national-park-cultural-centre*
- Weitere Angebote sind: Millari Garden (Bunjilaka, Melbourne), Healesville Sanctuary (Yarra Valley und Dandenong Ranges) und Worn Gundidj (Tower Hill Wildlife Reserve, Great Ocean Road).

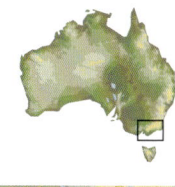

Unterwegs auf den Territory Art Trails im Norden Australiens

Lagerfeuer und Legenden im Outback

Australiens Northern Territory ist mehr als eine spektakuläre Kulisse aus rotem Wüstenstaub, dramatischen Felsformationen und uralten Eukalyptusbäumen. Es ist ein lebendiger Ort, der tief verwurzelt ist in der Kultur und Geschichte der australischen Ureinwohner. Mit über 60.000 Jahren ist die Kultur der Aboriginal People eine der ältesten kontinuierlich gelebten Kulturen der Welt. Die „Territory Art Trails" ermöglichen es Reisenden, auf den Spuren der traditionellen Wächter Australiens zu wandeln und dieses beeindruckende Land mit allen Sinnen zu erleben.

Die „Territory Art Trails" führen durch die Landschaften und Geschichten, die die indigenen Völker des NT seit Tausenden von Jahren pflegen und weitergeben. Diese Pfade ermöglichen es Besuchern, Kunstgalerien, Kulturzentren und heilige Stätten zu besuchen, in denen die Vielfalt und Tiefe der Aboriginal Kunst zum Leben erwacht. Dabei sind es nicht nur Gemälde oder Skulpturen, die Geschichten erzählen, sondern die gesamte Umge-

Injalak Hill Rock Art Tour im Arnhem Land

bung: Jeder Fels und Baum, jeder Fluss und Berg trägt die Spuren von Legenden und spiritueller Bedeutung.

Ein Besuch von Orten wie dem Araluen Arts Centre in Alice Springs oder der Darwin Aboriginal Art Fair ist ein idealer Einstieg. Von dort aus lässt sich eine Route planen, die tief in das Outback führt und unterwegs unzählige Möglichkeiten zur Begegnung mit Aboriginal Kunst bietet. Die Injalak Arts in Gunbalanya oder das Mbantua Fine Art Gallery sind nur einige Highlights, die die Vielfalt der Kunst und die Geschichte der Ureinwohner zeigen.

Die Freiheit der Self-Drives

Die Weite und Wildheit des NT lassen sich am besten als Selbstfahrer erleben – individuell und flexibel mit einem Mietfahrzeug. Diese Art des Reisens ermöglicht es Besuchern, das Land in ihrem eigenen Tempo zu entdecken, spontane Abstecher zu machen und die Stille und Magie der Umgebung aufzusaugen. Das NT ist klimatisch in zwei Hauptregionen gegliedert: das tropisch-feuchte Top End im Norden und das trockene, wüstenhafte Red Centre im Süden. Routen wie der Nature's Way im Top End oder der Red Centre Way führen durch atemberaubende Landschaften und bieten zugleich

Freiheit auf vier Rädern: Der perfekte Roadtrip wartet

einen reichen Einblick in die Kultur der Aboriginal People.

Das Top End auf eigene Faust erleben

Der Nature's Way ist die perfekte Route für eine Rundreise durch das Top End, um die Aboriginal Kultur und die faszinierende Natur des Northern Territory zu erleben. Die etwa 874 Kilometer lange Strecke startet und endet in Darwin und führt zu den Highlights der Region. Ein Besuch des

Maguk – Oase im Kakadu National Park

*Magisches Licht
am Uluṟu*

eindrucksvolle Schluchten und geführte Bootsfahrten, bei denen die Geschichten und Mythen der Jawoyn People lebendig werden. Der Nature's Way kombiniert spektakuläre Landschaften, artenreiche Tierwelt und eine tiefe Verbindung zur Aboriginal Kultur und macht die Rundreise zu einem unvergesslichen Erlebnis im tropischen Norden Australiens.

Roadtrip durch das rote Herz Australiens

Der Red Centre Way ist eine unvergessliche Route, um das kulturelle Herz Australiens zu erleben. Die 1.135 Kilometer lange Strecke verbindet atemberaubende Landschaften mit tief verwurzelter Aboriginal Kultur. Die Reise beginnt in Alice Springs, wo Besucher im Araluen Cultural Precinct und bei den Tjanpi Desert Weavers die beeindruckende indigene Kunst entdecken können. Weiter geht es zu den Emily Gaps, deren Felsmalereien spirituelle Einblicke gewähren, und den majestätischen Schluchten der Tjoritja (West MacDonnell Ranges). Ein Höhepunkt der Route ist der Kings Canyon im Watarrka National Park. Auf dem berühmten Rim Walk eröffnen sich spektakuläre Ausblicke auf die uralte Landschaft. Schließlich führt die Reise zum Uluṟu-Kata Tjuta National Park, einem Ort von tiefer spiritueller Bedeutung, wo die Schöpfungsgeschichten der Aboriginal People lebendig werden. Kulturelle Touren mit traditionellen Besitzern und Abende unter dem Sternenhimmel sorgen hier für unvergessliche Momente. Entlang des Red Centre Way bieten sich zahlreiche Gelegenheiten, die Kunst und das kulturelle Erbe der Aboriginal People auf ganz besondere Weise zu erleben.

Museum and Art Gallery of the Northern Territory in Darwin bietet einen inspirierenden Einstieg. Von hier geht es weiter in den Kakadu National Park, wo uralte Felszeichnungen bestaunt werden, die von den Traditionen und der Geschichte der Aboriginal People erzählen. Ein besonderes Erlebnis ist die Yellow Water Cruise bei Sonnenaufgang: Im mystischen Morgenlicht gleiten Reisende über das Billabong, umgeben von Krokodilen und exotischen Vogelarten. Weiter südlich in Katherine und im Nitmiluk National Park warten

*Aboriginal Künstler auf
den Tiwi Islands*

Begegnungen und Inspiration: Eintauchen in die Kultur

Die Aboriginal Kultur des NT ist geprägt von einer tiefen Verbundenheit zu Natur und Land und gelebter Spiritualität. Begegnungen mit den Ureinwohnern und den Geschichten, die sie über ihre Kunst weitergeben, sind berührend und inspirie-

rend. Besucher können an Workshops teilnehmen, in denen traditionelle Maltechniken oder das Anfertigen von Didgeridoos gezeigt werden. Solche interaktiven Erfahrungen bieten mehr als bloßes Wissen – sie schaffen Momente des gegenseitigen Verständnisses und Respekts. Gelegenheiten, mehr über die Kunst und Kultur der Aboriginal People zu erfahren, gibt es viel.

Im tropischen Top End, unweit von Darwin bietet Pudakul Aboriginal Cultural Tours Einblicke in die Kultur der Limilngan-Wulna, den traditionellen Besitzern der Region. Besucher lernen traditionelle Bush-Tucker-Kräuter kennen, können das Didgeridoo und die Clapsticks ausprobieren und erfahren mehr über die Kunst und Bedeutung von Körperbemalungen und Speeren. Der Schwerpunkt liegt auf praktischen Erlebnissen und persönlichen Begegnungen mit den Gastgebern. Auch Tiwi by Design ist eine einzigartige kulturelle Erfahrung. Auf den Tiwi-Inseln, nördlich von Darwin, haben Besucher die Möglichkeit, tief in die Welt der Tiwi-Kunst und -Kultur einzutauchen. Die Touren beginnen oft mit einer traditionellen Rauchzeremonie und führen dann durch die Kunstzentren, wo lokale Tiwi-Künstler ihre farbenfrohen Drucke, Webarbeiten und Gemälde vorstellen.

Im Red Centre können Urlauber mit Karrke Aboriginal Cultural Experience and Tours im Watarrka National Park ihr Wissen über die Kultur und Lebensweise der Luritja- und Pertame-Aboriginal People erweitern. Neben der traditionellen Kunst lernen die Teilnehmer Bush-Tucker-Pflanzen, Heilpflanzen und Techniken der Perlenherstellung kennen. Die Tour ist intensiv und lässt viel Raum für Fragen, sodass Reisende eine sehr persönliche Erfahrung machen können. Beim Maruku Arts Dot Painting Workshop im Uluru-Kata Tjuta National Park haben Besucher Gelegenheit, unter der Anleitung von Anangu-Künstlern Punktmalerei-Techniken zu erlernen. Während des Workshops hören die Teilnehmer Geschichten der Traumzeit und erfahren, wie Symbole in

Lebendiges Erbe der Aboriginal People

der Kunst dazu verwendet werden, diese Legenden darzustellen. Jeder Teilnehmer kann sein eigenes kleines Kunstwerk mit nach Hause nehmen, ein wunderschönes Andenken an den Besuch.

Fazit: Das Northern Territory als Quelle der Inspiration

Eine Reise entlang der Territory Art Trails im Northern Territory ist mehr als ein Abenteuer – es ist eine Einladung, sich auf die Geschichten und das Wissen der ältesten lebenden Kultur der Erde einzulassen. Die Freiheit des Self-Drives macht es möglich, jeden Moment nach eigenem Wunsch zu gestalten und das Erlebte zu vertiefen. Die Aboriginal Kunst entlang dieser Pfade öffnet nicht nur die Augen, sondern auch das Herz für die tiefe Verbindung zwischen Menschen und Natur, die diese Region prägt.

Wer das Northern Territory bereist, reist nicht nur durch ein Land, sondern taucht in eine lebendige, spirituelle und inspirierende Welt ein.

northernterritory.com

Verlass auf's Nass

Ormiston Gorge und Glen Helen Gorge

Hier wird über Stock ...

Die Kartografie ist in Zentralaustralien keine sonderlich zuverlässige Angelegenheit: Was heute ein trockenes Flussbett ist, mag morgen ein reißender Strom sein – oder umgekehrt. Zum Glück

Farbenfrohes Outback

gibt es erfrischende Badestellen wie das ganzjährig gefüllte Wasserloch in der Ormiston Gorge – hier ist noch Verlass auf's Nass.

Am genussvollsten ist das Bad im stets kühlen Wasser am Ende des Pound Walk. Die etwa vierstündige Rundwanderung startet man am besten frühmorgens, wenn die Sonne lange Schatten zwischen die ringförmige Bergkette wirft. Auf dem ersten Kilometer geht es stetig bergauf und nach und nach enthüllt sich der Blick über die idyllische Berglandschaft des Nationalparks.

Der kurze steile Abstecher zum Aussichtspunkt ist die Mühe unbedingt wert: Die ockerfarbenen Felsen der Ormiston Gorge zählen zweifellos zu einer der eindrucksvollsten Schluchten der Western MacDonnell Ranges! Danach geht's hinab

... und Stein gewandert

in die Schlucht und zwischen den steilen Felswänden hindurch zum Wasserloch in der Nähe des Parkplatzes. Bevor man den Sprung ins Wasser wagt, eine kurze

Corinna
Melville

Ein Praktikum bei einer deutschen Zeitung brachte Corinna Melville 2004 nach Australien. Aus dem Auslandsjahr wurde ein neues Leben: Heute lebt sie mit ihrer Familie in Adelaide und hat bereits zahlreiche Bücher über ihre Wahlheimat veröffentlicht.

BUCHTIPP – South Australia & Northern Territory – 40 Tipps abseits der ausgetretenen Pfade

Die Autorinnen führen Sie von den windgepeitschten Inseln des Südpolarmeers durch idyllische Weinreben, unterirdische Städte, versteinerte Riffe, mystische Schluchten, vorbei an bizarren Felsformationen und zig Jahrtausende alten Felsmalereien bis in die tropische Savanne des Northern Territory – eine Reise vom Präkambrium bis in die Moderne und von den legendärsten Surfstränden bis unter das sternbespickte Firmament des Outbacks.

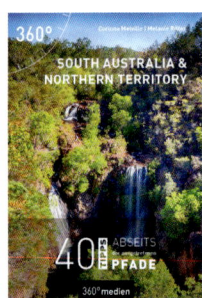

South Australia & Northern Territory abseits der ausgetretenen Pfade
Corinna Melville | Melanie Ritter
360° medien, 1. Auflage Dezember 2022
224 Seiten, Preis: 16,95 EUR
ISBN: 978-3-96855-311-5
Bestellbar im Buchhandel und unter *360grad-medienshop.de/South-Australia-und-Northern-Territory*

Warnung: Der Teich ist bis zu 14 Meter tief und eigentlich immer eisig kalt!

Nicht ganz so viel Wanderlust? Kürzer ist der Ghost Gum Walk, ein Rundweg, für den man ca. 90 Minuten einplanen sollte. Er führt an einer Aussichtsplattform vorbei, von der aus sich ein überwältigender Blick über die Schlucht bietet.

Und wer schon mal bis hierhin gekommen ist, sollte sich auch die Glen Helen Gorge nicht entgehen lassen: steile, in der Abendsonne grellrot leuchtende Felsen, die sich in den permanenten Wasserlöchern widerspiegeln. Wer hier durch die erste Felsspalte schwimmt, erreicht über einen kurzen Spaziergang Felsnadeln, die wie Orgelpfeifen aus der Landschaft ragen. In den steinernen Wänden leben übrigens unzählige Schwarzpfoten-Felskängurus („black-footed rock wallabies"), schüchterne Felskängurus, die sich am ehesten in der Morgen- oder Abendsonne blicken lassen.

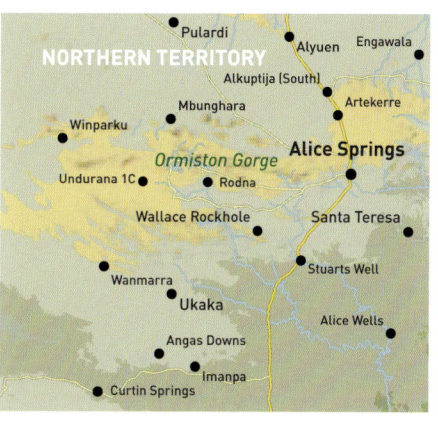

Die Glen Helen Gorge liegt nur einen kurzen Spaziergang vom Resort entfernt.

nt.gov.au/leisure/parks-reserves/find-a-park/find-a-park-to-visit/ormiston-gorge

LAGE

Die Ormiston Gorge liegt 135 Kilometer westlich von Alice Springs im Tjoritja/West Macdonnell National Park, GPS: -23.615664, 132.718173

ÜBERNACHTEN

- Der Campingplatz ist oft voll belegt, am besten reist man morgens an, um einen Platz zu ergattern; Buschtoiletten, Duschen und Gasgrills, der Kiosk ist nur von März bis November geöffnet.
- Glen Helen Lodge: Campingplätze und einfache, klimatisierte Zimmer mit Bad, elf Kilometer südwestlich; *glenhelenlodge.com.au*

Hinweis: Zur Wanderung unbedingt ausreichende Mengen an Trinkwasser, Sonnencreme und ein Fliegennetz mitbringen!

Melaleuca

Der abgelegenste Ort Tasmaniens

*Ein Flug über die Süd-
westküste wird belohnt
mit wunderschönen Aus-
sichten.*

V iele haben von der Siedlung im äußersten Süd-
westen gehört. Allerdings
ist es nicht leicht nachzuvollziehen, um
welch besonderen Ort es sich handelt,
wenn man nicht selbst dort war.

Die Siedlung wurde von der King-Familie
erbaut, um in der Gegend Zinn abzubauen.
Deny King, ein bekannter tasmanischer

*Aboriginal-Denkmal
in Melaleuca*

Anke Fietzek

Anke Fietzek, vielen bekannt als „Aussiefreak", ist ein absoluter Natur- und Tierliebhaber und seit 2010 als freiberufliche Autorin und Fotografin tätig. Auf zahlreichen Abenteuertrips nach Australien erkundete sie das Land, insbesondere Tasmanien, abseits der ausgetretenen Pfade. Seit 2017 leitet sie erfolgreich ihre eigene Reiseagentur für Individualreisen.

Naturforscher, Künstler und Buschmann, lebte von 1936 bis zu seinem Tod 1991 allein in einer der einfachen Hütten. Heute erinnert ein kleines Museum an seinen Pioniergeist.

Da es bis heute keine Straßen gibt, bleibt der große Touristenansturm aus. Ab Cockle Creek ist es fast eine Woche harter Fußmarsch bis zur Siedlung. Eine bequeme Möglichkeit ist die Anreise per Boot oder mit dem Leichtflugzeug von Cambridge Airport aus. Par Avion Tasmania bietet eine Tagestour an. Mit dem Sonnenaufgang startet die kleine Maschine gen Süden. Wunderbare Ausblicke auf Hobart, den River Derwent und Bruny Island eröffnen sich, bevor man nach Westen abdreht. Die schroffe

Ein wunderschönes Exemplar des seltenen Goldbauchsittichs

Küstenlinie des Southwest National Park, die satte grüne Landschaft und die Bergkuppen, die einem zu Füßen liegen, lassen erahnen, welch Abenteuer einen erwartet. Nach etwa 45 Minuten steht die Landung auf einem kleinen Schotterstreifen am Bathurst Harbour Aerodrome an. Festhalten bitte!

Heute gibt es in der Siedlung noch eine Handvoll Hütten, die um 1930 für die Minenarbeiter erbaut wurden, bevor die Gegend zum UNESCO-Weltkulturerbe ernannt wurde. Sie werden hauptsächlich von den Bushwalkern als Unterkunft benutzt oder von den Rangern, die sich hier am Projekt zum Schutz und der Zählung der seltensten Papageienart der Welt, dem Goldbauchsittich, beteiligen. Es gibt derzeit ungefähr 120 Exemplare. Ein Anstieg der Population ist in den letzten Jahren zu verzeichnen. Hier hat man die Gelegenheit, den Tieren ganz nahe zu kommen und sie in Ruhe an ihren Futterplätzen zu beobachten. Melaleuca ist weltweit der einzige Brutplatz der Vögel. Die Brutzeit dauert von Oktober bis März.

**BUCHTIPP – Tasmanien –
50 Tipps abseits der ausgetretenen Pfade**

Tassie – die grüne Insel „under Down Under" – ist ein häufig unterschätzter Bundesstaat Australiens. Selbst bei hartgesottenen Australien- Urlaubern steht Tasmanien nur selten auf dem Reiseplan und ist daher noch immer ein Geheimtipp.
Bei Naturbegeisterten und Wanderfreunden sowie bei Weinliebhabern steht die Insel hoch im Kurs. Nirgendwo sonst hört man die Ruhe so laut.

Tasmanien – 50 Tipps abseits der ausgetretenen Pfade, Anke Fietzekr
360° medien, 1. Auflage 2025 (erscheint am 16.12.2024)
256 Seiten, Preis: 16,95 EUR
ISBN: 978-3-96855-565-2
Bestellbar im Buchhandel und unter *360grad-medienshop.de/Tasmanien*

Einfache Übernachtungsmöglichkeit in Melaleuca

Ausblicke bei der Wande-rung in Melaleuca

Auf dem Needwonnee Walk, einer einfachen Wanderung von rund einem Kilometer, erzählen Skulpturen aus natürlichen Materialien die Geschichte des Aborigines-Volkes, das einst die Gegend bewohnte. Ein Highlight ist die Bootsfahrt über die Wasserwege von Bathurst Harbour. Der Guide klärt über Flora und Fauna auf. Unzählige Seeadler und andere Raubvögel gleiten durch die Luft. Delfine begleiten das Boot und am Ufer sitzt das ein oder andere Wallaby. Angelegt wird an einem flachen Strand. Der Guide stellt einen Tisch auf und richtet ein vorzügliches Mittagessen an, tasmanischer Wein inklusive. Es ist das beste Mittagessen der Welt, hier in dieser Ruhe mit dem Blick auf diese wunderschöne Wildnis. Ein wahres Privileg, die Natur hier erleben zu dürfen und nebenbei die sauberste Luft der Erde zu atmen. Der Flug zurück ist nicht minder spektakulär. Der Pilot fliegt über das Inland. Man hat eine tolle Sicht auf die Western Arthur Range, den Federation Peak, das Huon Valley und den Hartz Mountains National Park, um nur einige Höhepunkte zu nennen.

LAGE

Melaleuca liegt im äußersten Südwesten im Southwest National Park. GPS: -43,42072, 146.16194 (Landebahn Bathurst Harbour Airstrip)

AKTIVITÄTEN

Tagesausflug mit Par Avion Tasmania ab Cambridge Airport unweit des internationalen Flughafen Hobart: Vorbuchen unbedingt notwendig. Nur sehr begrenzte Plätze; *paravion.com.au/southwest-wilderness-experience*

• Mehrtagestour Southwest Wilderness Camp: *parks.tas.gov.au/explore-our-parks/southwest-national-park/melaleuca*

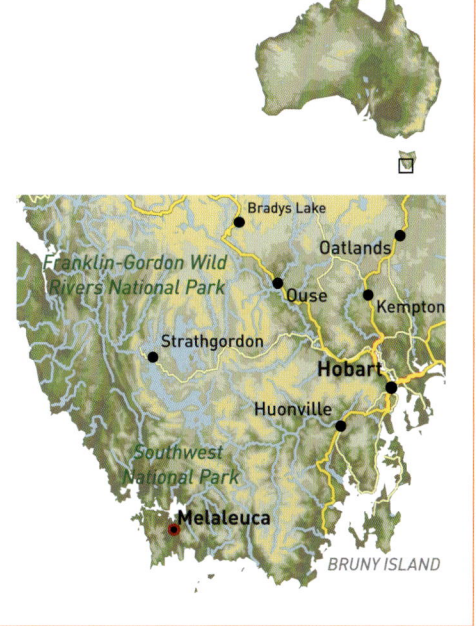

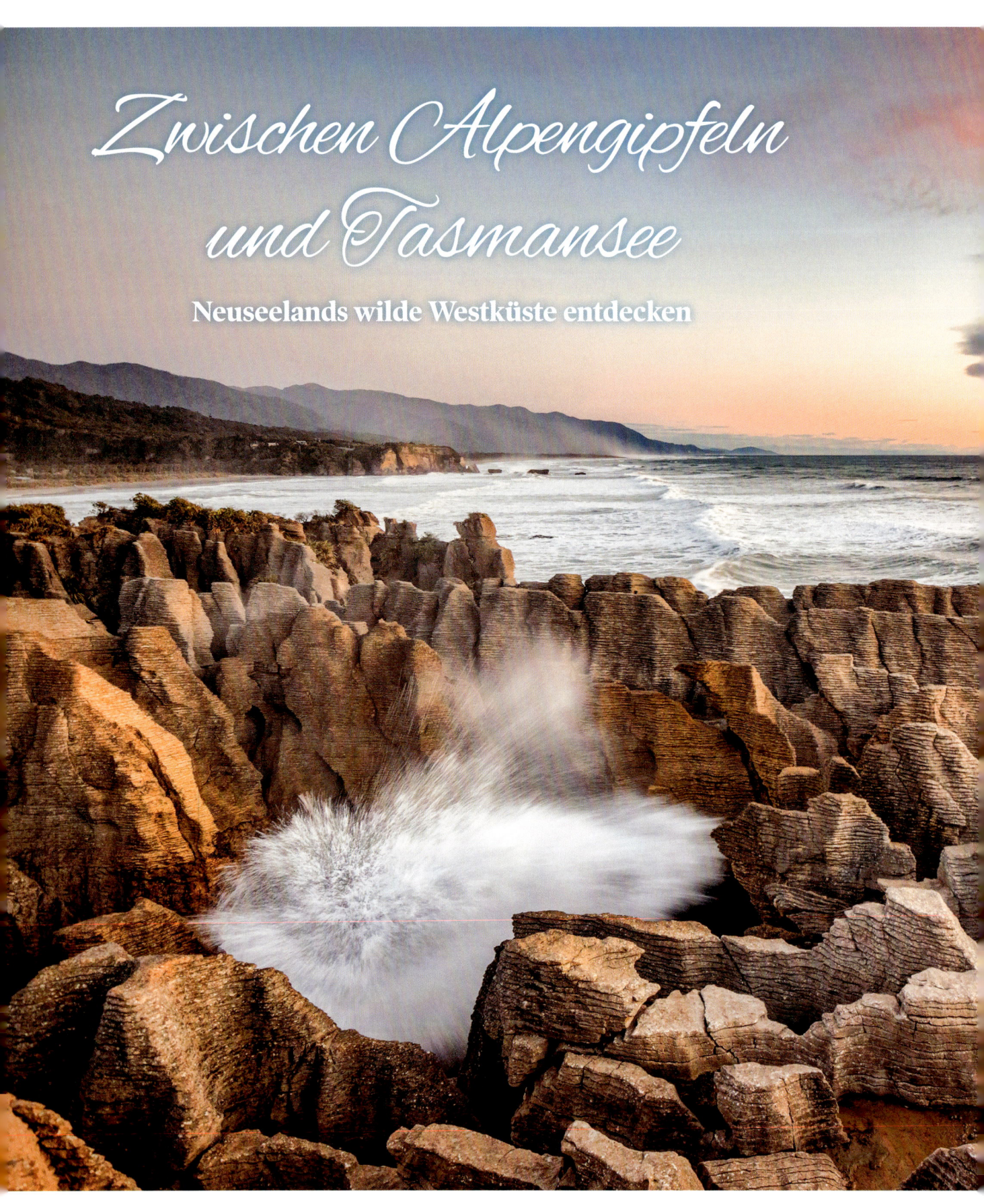

Zwischen Alpengipfeln und Tasmansee

Neuseelands wilde Westküste entdecken

Wasser schießt aus einem
Blowhole an den Pancake
Rocks bei Punakaiki

Neuseeland | West Coast

41

Wasserfall am Haast-Pass

gend außerdem. An der 600 Kilometer langen Küste, entlang der sich die SH6 von Haast bis Westport schlängelt, leben gerade einmal 33.000 Menschen.

Der erste Europäer, der die Westküste über die Südalpen erreichte, war der deutsche Naturforscher Julius von Haast (1822 bis 1887). Er folgte 1862 einem Maori-Pfad und landete – aus dem trockenen Otago kommend – mitten im Regenwald. Auf seinen Spuren wandeln zahlreiche Besucher, die heute auf dem Haast-Pass, dem südlichsten und niedrigsten der drei Pässe über die Südalpen, bequem ins Westland reisen. Er ist nur 563 Meter hoch, aber eine Klimascheide. Hinter dem Pass werden Südbuchen seltener, stattdessen spannen plötzlich unzählige Baumfarne ihre Kronen wie riesige Regenschirme auf. Dazu windschiefe Baumriesen wie die endemischen Kahikatea-Bäume, die Neuseeländische Warzeneibe. Auf der einen Seite der Straße lugen hier und da die Gipfel der Südalpen hervor, auf der anderen Seite wütet die ungestüme Tasmansee.

Gletscher im Regenwald

Als Naturwunder muss Julius von Haast den Franz Josef Glacier erlebt haben – ein

Berühmt-berüchtigt ist das Wetter entlang der West Coast, der wildschönen Westküste der Südinsel Neuseelands. 300 Regentage im Jahr und zwischen 6400 und 12.000 Millimeter Niederschlag sprechen für sich. Im Vergleich: In Bergen/Norwegen – Europas Regenhauptstadt – sind es nur 2600 Millimeter. Und dennoch oder gerade deshalb: ein traumhafter Landstrich für alle, die Wind, Wetter und Wellen mögen. Eine einsame Ge-

Blick auf den Franz Josef Glacier

Auch der Franz Josef Glacier schmilzt dahin ...

Gletscher, der aus alpinen Höhen durch den Regenwald bis fast zum Strand floss. Der Deutsche benannte ihn zu Ehren seines österreichischen Kollegen Ferdinand von Hofstetter nach Kaiser Franz Joseph I.

Längst schmilzt auch Franz Josef wie alle Gletscher weltweit dahin. Wer sich ihm vom Parkplatz aus nähert, hat bei klarer Sicht immerhin aus der Ferne noch die Illusion einer blau-grünen-Begegnung. Am Aussichtspunkt blickt man jedoch in ein Tal aus Geröll. Den Rückzug des Gletschers dokumentieren Infotafeln des DOC (Department of Conservation): innerhalb von vier Jahren ein Rückzug um 500 Meter!

Ein Papp-Ranger warnt vor gefährlichem Gelände ...

Elke Homburg

Elke Homburg lebt als Reisejournalistin, Reisebuchautorin und Reisebloggerin (*www.keksundkoffer.de*) in München. Nach dem Studium verbrachte sie ein Jahr in Neuseeland und kehrt als Studienreiseleiterin mehrmals im Jahr in ihr Lieblingsland zurück.

Die größte naturbelassene Gezeitenbucht Neuseelands: die Okarito Lagoon

Wanderungen bis zur Gletscherzunge sind seit einem Unfall 2021 sowieso tabu. Ein Papp-Ranger warnt: Hier geht's nicht weiter. Wer den Gletscher in voller Schönheit sehen will, muss in die Luft gehen. So brummt das Geschäft der Helikopterveranstalter im Ort – auch im Wortsinn.

Vogelparadies Okarito Lagoon

Ein Stückchen nördlich von Franz Josef liegt der kleine Ort Okarito zwischen den Mündungen von Waiho River und Whataroa River. Von der SH6 führt ein 13 Kilometer langer Abstecher an die Küste. Berühmt ist der Ort für seine Lagune – die größte natur-belassene Gezeitenbucht des Landes. Nur hier brütet Kotuku, der weiße Reiher, mit dessen Federn sich einst Maori-Häuptlinge schmückten. Von September bis Februar oder März leben Reiherpaare in der Kolonie, brüten und ziehen die Jungen nach dem Schlüpfen auf. Die Lagune ist aber rund ums Jahr ein Vogelparadies mit rund 70 Vogelarten, das Outdoor-Fans mit dem Kanu oder wandernd auf dem Okarito Wetland Walk erkunden können.

Treibholz, Jade und Wild Food: Hokitika

Den Treibholz-Schriftzug am Strand mit dem Ortsnamen Hokitika hat vermutlich jeder Neuseelandreisende schon einmal auf Fotos gesehen. Aus angeschwemmtem Treibholz wird er Jahr für Jahr neu in den Sand gesteckt, und Ende Januar wird der Strand beim Driftwood & Sand Beach Sculpture Festival zur Open-Air-Galerie. Ein weiteres Event, das Fans aus ganz Neu-

Der Treibholz-Schriftzug
am Strand von Hokitika

seeland anlockt: das Hokitika Wildfoods Festival im März, bei dem Insekten, Seevögel, Possums und andere ungewöhnliche Spezialitäten die Geschmacksknospen unerschrockener Besucher herausfordern.

Mit dem Goldrausch Mitte des 19. Jahrhunderts erlebte Hokitika einen kometenhaften Aufstieg vom verschlafenen Nest zur Boomtown. Für Tausende von Glücksrittern, die aus aller Welt anreisten, baute man hunderte Hotels, dazu Freudenhäuser und Bars, in denen man Erfolge feierte und sich Misserfolge schön trank. Ende des 19. Jahrhunderts waren die Goldadern erschöpft, die Hotels wurden verrammelt und der Hafen versandete. Es blieb ein

sympathisches Städtchen mit Wildwestflair, in dem sich Alternative, Künstler und Lebenskünstler wohlfühlen. Und ein Ort mit einem besonderem Vibe, wo viele Besucher länger bleiben als geplant.

Bevor die Weißen kamen, gab es für die Maori keinen wertvolleren Rohstoff als pounamu, Grünstein bzw. neuseeländische Jade. Wochen und Monate brauchten Schnitzer, um Werkzeuge oder Schmuck daraus herzustellen. Der Schmuckstein, den man nur hier an der Westküste findet, ist nämlich härter als Stahl. Mit den Feuerwaffen der Weißen verlor Jade als Werkstoff an Bedeutung, hat aber längst ein Revival erlebt, und in Werkstätten kann

Auf dem Driftwood &
Sand Beach Sculpture
Festival

Schmuckstück aus pounamu, der neusee- ländischen Jade

Punakaiki und die Pancake Rocks

Punakaiki ist eine Siedlung mit ein paar Ferienwohnungen und einem Hotel am Punakaiki Beach, an den die Wellen der Tasmansee lautstark klatschen. Ein wild- schöner Ort, an dem der Wind in Null- kommanichts den Kopf frei pustet. Die meisten Besucher kommen aber wegen der Pancake Rocks – bizarr erodierte Fels-

man den Schnitzern von Schmuckstücken über die Schulter schauen.

Lohnend ist der Ausflug zur Hokitika Gorge, 30 Kilometer südlich von Hokiti- ka. Hier zwängt sich der Hokitika River, eingerahmt von Regenwald, eindrucksvoll durch eine Schlucht. Berühmt ist aber vor allem die Farbe des Wassers: leuchtend türkis. Was auf den Fotos aussieht, als wären Photoshop & Co. im Spiel, ist Natur pur. Aber nur bei Sonnenschein.

Die Pancake Rocks bei Punakaiki

Farbenfrohe Hokitika Gorge

türme mit tiefen Rillen – nach Punakaiki. Die Formationen erinnern tatsächlich ein bisschen an gestapelte Pfannkuchen und zeugen von der Kraft des Wassers – nach dem Motto „Steter Tropfen höhlt den Stein".

Ein faszinierendes Schauspiel, wenn der Wind das Wasser in Felskammern treibt und es als Fontäne durch „Blowholes" nach oben schießt. Wie eine Waschma- schine im Schleudergang. Der bestens

Robben am Cape Foulwind

ausgebaute Rundweg führt durch einen Dschungel aus Neuseeland-Flachs, aus dem Nikau-Palmen ragen – die einzigen endemischen Palmen in Neuseeland und die südlichsten Palmen der Welt.

Robben am Cape Foulwind

Eine traumhafte Panoramaroute ist der Abschnitt der Küstenstraße von Punakaiki nach Westport, wo bereits Kapitän James Cook im 18. Jh. mit seinem Schiff Endeavour vor Anker ging. Der Entdecker nannte den Ankerplatz Cape Foulwind, weil er hier an den ungünstigen Winden verzweifelte. Auf James Cook folgten Robbenfänger, die zu den ersten Siedlern Neuseelands gehörten und die Natur nach Strich und Faden ausbeuteten. Eine zwölfköpfige Mannschaft fing in einer Saison 4500 Seebären und andere Robben, deren Felle sie in China gegen Tee tauschten. Noch vor der Mitte des 19. Jahrhunderts waren Robben in Neuseeland fast ausgerottet. Die Population hat sich wieder erholt, nachdem man einige Arten schon vor 100 Jahren unter Schutz stellte. Attraktion ist am Cape Foulwind heute eine Seebärenkolonie. Besonders viele Tiere sammeln sich ab November in Erwartung der Geburt der nächsten Generation, und ab Februar kann man den Kleinen bei den ersten Turnübungen zuschauen.

newzealand.com/de/west-coast

47

In welcher Richtung man die Route entlang der West Coast bereist, hängt davon ab, ob man den Roadtrip durch Neuseeland auf der Nord- oder auf der Südinsel beginnt. Wer im Norden startet, fährt über Nelson nach Westport. Wer auf der Südinsel gestartet ist, wird wahrscheinlich von Wanaka aus über den Haast Pass die Westküste Neuseelands erreichen. Unterwegs sollte man mindestens zwei, besser drei Übernachtungen einplanen. In Franz Josef gibt es zahlreiche Unterkünfte von der Ferienwohnung bis zum Fünf-Sterne-Hotel. Ein Standort, an dem sich zwei Übernachtungen anbieten, ist Hokitika, wo das Angebot an Unterkünften allerdings überschaubar ist. Am besten frühzeitig buchen.

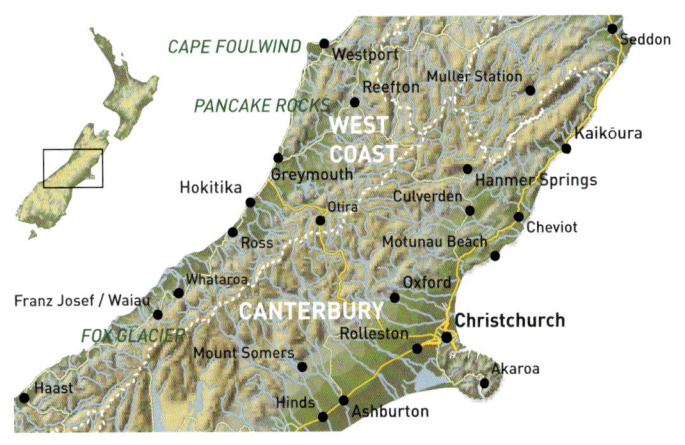

www.360grad-medienshop.de

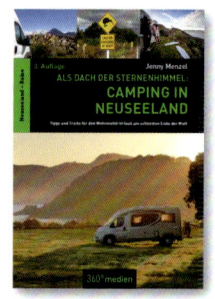

Als Dach der Sternenhimmel – Camping in Neuseeland

„Als Dach der Sternenhimmel" ist kein Reiseführer und auch kein Erfahrungsbericht, sondern ein Ratgeber voller Fakten und Tipps rund um das Wohnmobil-Reisen in Neuseeland.

360° medien, 184 Seiten, Preis 16,95 €
ISBN 978-3-944921-47-1

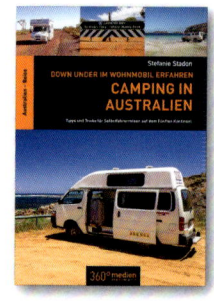

CAMPING IN AUSTRALIEN

Der Reiseführer gibt aus erster Hand einen umfassenden Einblick in die wunderbare Art des Camperreisens in Australien. Angehende aber auch erfahrene Wohnmobil-Urlauber erhalten darin Infos und Tipps zum Thema.

360° medien, 320 Seiten, 2. Auflage, Preis 22,50 €
ISBN 978-3-96855-005-3

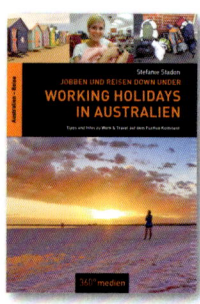

WORKING HOLIDAYS IN AUSTRALIEN

Der Ratgeber bereitet den Leser Schritt für Schritt auf das Auslandsabenteuer vor, angefangen bei den ersten Träumereien und Geldfragen über die Visumsbeantragung und Flugbuchung bis hin zur Bankkontoeröffnung und Jobsuche.

360° medien, 236 Seiten, Preis 16,95 €
ISBN 978-3-948097-84-4

360 NEUSEELAND TRÄUME

Mit diesem Buch navigieren Sie sich durch Neuseeland und lernen es kennen. In 36 Kategorien werden insgesamt 360 Reiseträume vorgestellt.

360° medien, 448 Seiten, Preis 24,95 €
ISBN 978-3-944921-57-0

MANUKA-HONIG
Das Allroundtalent aus Neuseeland für Ihr Wohlbefinden

Das Buch im praktischen Format bietet eine Fülle an Informationen, Anwendungstipps sowie Erfahrungsberichten und hilft, den kostbaren Manuka-Honig mit Gefühl und Verstand möglichst effektiv einzusetzen.

360° medien, 128 Seiten, Preis 7,95 €
ISBN 978-3-96855-068-8

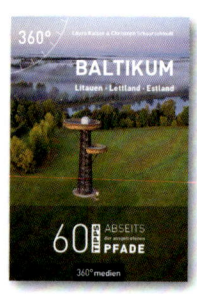

BALTIKUM – LITAUEN, LETTLAND, ESTLAND
60 TIPPS ABSEITS DER AUSGETRETENEN PFADE

Dieses Buch vereint 60 handverlesene Tipps von zwei Baltikumfans: die wichtigsten Sehenswürdigkeiten sowie herrliche Landschaften, idyllische Wanderwege, interessante Orte und spezielle Ausstellungen abseits der klassischen Routen.

360° medien, 296 Seiten, Preis 16,95 €
ISBN 978-39-96855-308-5

Produkte mit der Rundumbetrachtung für Reisedestinationen rund um den Globus. Zusätzliche Informationen und Online-Bestellmöglichkeit unter: www.360grad-medienshop.de
Versandkostenfreie Lieferung innerhalb Deutschlands

Weitere Bücher, Magazine, DVDs, Kalender und mehr finden Sie online.

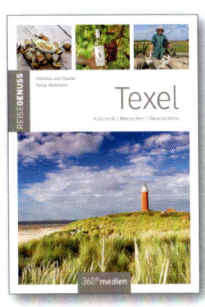

Texel
REISE**GENUSS**

Lassen Sie sich auf eine Genussreise entführen und erleben Sie die niederländische Nordseeinsel mit allen Sinnen. Tauchen Sie ein in die kulinarische Welt Texels und lassen Sie sich inspirieren!

360° medien, 256 Seiten, Preis 24,95 €
ISBN 978-3-96855-503-4

IRLAND – REISEMOMENTE

Die Autorin hat die 50 schönsten Mikroabenteuer ausgewählt, die man in Irland erleben kann. Wohnen wie die Wikinger, das Leben als Leuchtturmwärter testen, in Algen aalen, versteckte Klöster finden und vieles mehr...

360° medien, 256 Seiten, Preis 16,95 €
ISBN 978-3-96855-556-0

EIFEL – HEIMATMOMENTE

Dieses Buch stellt 50 Ausflüge ganz unterschiedlichen Charakters in der gesamten Eifel vor. Mancher Geheimtipp dürfte dabei sein, den selbst erfahrene Kenner noch nicht – oder zumindest auf diese Weise noch nicht – kennen.

360° medien, 256 Seiten, Preis 16,95 €
ISBN 978-3-96855-506-5

REISE DURCH NEUSEELAND – DER FILM

Der Film der bekannten Reisejournalisten Petra und Gerhard Zwerger-Schoner zeichnet ein umfassendes Portrait der beiden einzigartigen Inseln im Pazifik, die für so viele als Traumreiseziel gelten. Entdecken Sie Neuseelands ganze Vielfalt in brillantem HD,

GP Mediavision Zwerger-Schoner OG, Blu-ray, Laufzeit 131 Minuten, Preis 12,99 €

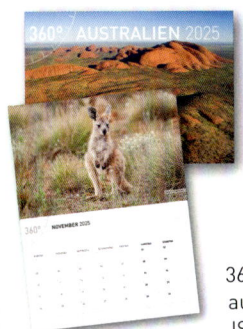

360° AUSTRALIEN BROSCHÜRENKALENDER 2025

Mit den schönsten Australien Bildern des Fotografen Ingo Öland. Aufgeklappt auf A3 Format (29,7 x 42 cm) bietet das Kalendarium Platz für Termine und Notizen.

360° medien, 28 Seiten, Format A4, aufgeklappt A3, Preis 12,50 €, ISBN 978-3-96855-573-7

360° NEUSEELAND BROSCHÜRENKALENDER 2025

Mit den schönsten Neuseeland Bildern des Fotografen Christian Heeb. Aufgeklappt auf A3 Format (29,7 x 42 cm) bietet das Kalendarium Platz für Termine und Notizen.

360° medien, 28 Seiten, Format A4, aufgeklappt A3, Preis 12,50 €, ISBN 978-3-96855-572-0

360° medien | Nachtigallenweg 1 | 40822 Mettmann | Tel.: +49 2104 5063 100 | Fax: +49 2104 5063 156
Web: www.360gradmedien.de | E-Mail: info@360-gradmedien.de

Auf Entdeckerspuren

durch atemberaubende Landschaften

Majestätisch spiegelt sich der Franz-Josef-Gletscher im kleinen Peters Pool.

Mit einer Kajaktour entlang des Abel Tasman Nationalparks beginnt die Reise.

Deutsche Forscher trugen im 19. Jahrhundert wesentlich zur Erschließung der Kontinente bei. Einer von ihnen war Julius von Haast – in Deutschland kaum noch bekannt, in Neuseeland hochverehrt. Eine Spurensuche durch die schönsten Landschaften der Südinsel.

Von Collingwood aus lohnt ein kurzer Ausflug zum nordwestlichsten Zipfel der Südinsel Farewell Spit

Haast Highway, Haast Pass, Haast River und Haast Mountain, ja selbst eine Ortschaft an den Gestaden der Westküste trägt den Namen des 1822 in Bonn geborenen Geologen, der in der Mitte des 19. Jahrhunderts nicht nur in Neuseeland für Furore sorgte. Haast würde heute als typischer Selfmademan gelten, denn obwohl er nicht einmal über ein abgeschlossenes Geologiestudium verfügte, machte er sich dennoch als Geologe und Naturforscher in den höchsten Kreisen der Wissenschaft einen Namen. Wie er dies erreichte, kann man während einer Rundreise auf der Südinsel Neuseelands äußerst authentisch erfahren.

Spannender kann eine Spurensuche kaum sein, denn man fühlt sich dabei nicht selten selbst als Entdecker.

Ausgestattet mit einem Auftrag der britischen Reederei Willis Gan & Co, die Eignung Neuseelands für deutsche Auswanderer zu prüfen, erreichte Haast im Dezember 1858 Auckland und traf dort nur wenige Tage später auf den renommierten, in Esslingen am Neckar geborenen Geologen Friedrich von Hochstetter. Ein Glücksfall für den Bonner, denn Hochstetter nahm ihn in sein Forscherteam auf und so konnte Haast seine geologischen Hobbykenntnisse bei den folgenden gemeinsamen Explorationen unter professioneller Anleitung deutlich erweitern. Lernbegierig und ambitioniert ergriff Haast dankbar diese Chance, um seinen Lebenstraum in die Realität umzusetzen.

Schon 1859 erhielten die beiden Wissenschaftler von der Provinzregierung in Nelson den Auftrag, die Region geologisch zu erschließen. Folgerichtig starte ich meine Spurensuche in Nelson und erfahre, dass sich das Forscherteam damals mit einem Dampfer in Richtung Westen bis nach Collingwood vorarbeitete. In Ermangelung einer festen Schiffsverbindung schließe ich mich in Marahau einer Gruppe an, die mit „Abel Tasman Kajaks" die Küste erkundet.

Im Unterschied zu Haast und Hochstetter, die hier in erster Linie Kohle- und Kupfervorkommen untersuchten, steht für uns das Naturerlebnis im Mittelpunkt des Interesses. Bei Kajak-Guide Whitney Frame sind wir in guten Händen, sie kennt die schönsten Buchten und Strände und geleitet uns schließlich zur Adele-Insel. Dieses raubtierfreie Eiland konnte im Schutze des Nationalparks zu einem Paradies für Vögel erblühen. Schon aus der Entfernung vernimmt man den orchestralen Querflötensound tausender Tuis und Glockenvögel, der nur ab und an von den Rufen junger Robben nach ihren Müttern unterbrochen wird.

Auf der Wanderung zur Anchorage Bay wird man mit tollen Panoramablicken belohnt.

Am Observation Beach angelangt, verlasse ich die Gruppe, um zu Fuß, mit herrlichen Panoramablicken vom Bergrücken aufs Meer belohnt, bis zur Anchorage Bay zu wandern. Weiter geht es von dort mit einem Segelkatamaran entlang einer spektakulären Küstenszenerie und schließlich mit einem Leihwagen bis nach Collingwood.

Nach einem Abstecher zur Dünenlandschaft von Farewell Spit, die Haast nach der Inspektion von Kohlelagerstätten im nahen Pakawau umschiffte, treffe ich in der pittoresken kleinen Küstensiedlung Des Clark und Darryl Wilkens. Beide sind passionierte Hobbyhöhlenforscher, die mich zu den Höhlen mitnehmen, in denen Haast erstmals Knochen der sagenhaften Moas ausgraben konnte, einer endemischen Riesenvogelart, die im Unterschied zu Straußen, Emus oder Kasuaren über keinerlei Flügelansätze verfügten. Des' Geländewagen stöhnt, als er sich nach der Passage zweier, als „Devils Boots" benannte, Felskolosse die steilen Hänge zu den ehemaligen Goldfeldern des Aorere Flusses in den Bergen vor Collingwood

Über holpriges Gelände geht es mit Des und Darryl hinauf zu den Moa-Höhlen.

JEDE REISE EIN UNIKAT

Australien & Neuseeland mit allen Sinnen erleben

Maßgeschneidert. Authentisch. Einzigartig.

Mit TravelEssence erleben Sie das echte Down Under. Dank unseres Netzwerks lokaler Partner gestalten wir Reisen, die tief in die Kultur eintauchen – mit authentischen Unterkünften und persönlichen Begegnungen mit einheimischen Gastgebern und Guides.

Warum TravelEssence?

- 100% Down Under Know-How aus erster Hand
- Persönliche Reiseberatung, auch abends und am Wochenende
- Individuelle Reiserouten, abgestimmt auf Ihre Wünsche
- Handverlesene Unterkünfte, abseits der Massen
- Exklusive Erlebnisse und Geheimtipps von den Locals

Weitere Informationen über Reisen à la TravelEssence

www.travelessence.de

Expertenberatung deutschlandweit, sowie in Österreich und der Schweiz

Des und Derryl haben die Moa-Ausgrabungsstätte von Haast gefunden.

Die Pancake Rocks gehören zu den Besuchermagneten an der Westküste

waren es, die hier zuerst überdimensionale Knochen in der Höhle fanden, auf die auch Haast 1859 traf und als Moa-Knochen identifizierte. Mit Hilfe eines Seils lassen wir uns in drei weitere Höhlen hinab. Es ist dunkel, glitschig und steil, als wir uns durch eine Welt der Stalagmiten und Stalagtiten arbeiten, in der Des mit seiner Stirnlampe einige Löcher ausmacht. „Hier muss Haast die weiteren Moa-Knochen ausgegraben haben", ist er sich sicher. Die Funde waren damals eine Sensation, denn die als Freiwild umher laufenden Moas hatten die ersten einhundert Jahre menschlicher Besiedlung Neuseelands nicht überstanden. Als leichte Jagdbeute verspeisten die Māori die Spezies im 13. Jahrhundert.

Für Haast bedeuteten die Moa-Knochen und die folgende Bergung ganzer Skelette der ausgestorbenen Riesenvögel den Beginn einer steilen Karriere als Wissenschaftler. Nach der Rückkehr Hochstetters nach Wien im Oktober 1859 stellten die Provinzregierungen von Nelson und Canterbury Haast als Geologen an, er zog nach Christchurch und wurde mit weiteren geologischen Recherchen an der Westküste und in den Südalpen beauftragt. Fährt man mit dem Auto die Panoramastraße an der Westküste entlang, trifft man auf viele Orte, die mit dem Namen Haasts in Verbindung stehen. Nördlich und südlich des Touristenhighlights „Pancake Rocks" bei Punakaiki identifizierte er Kohlevorkommen bester Qualität am Buller- und am Grey-River und fand sicher auch an den wie Pfannkuchen übereinandergestapelten Gesteinsschichten der Pancakes Gefallen.

Weiter südlich erkundete und kartierte er die Gletscherwelt der Südalpen und benannte so auch den Franz-Josef-Gletscher nach dem österreichischen Monarchen. Den benachbarten Fox-Gletscher kann man heute als Tourist bei einem „Flying Fox Heli Hike" auskundschaften. Bei all der Schönheit der in weißen und unterschiedlichen Blautönen glitzernden Gletscherwelt wird angesichts der vielen

hocharbeitet. Der Weg gleicht mit seinem Geröll eher einem Flussbett, bis es nur noch per pedes auf einem engen Pfad durch eine dicht bewachsene Buschlandschaft weitergeht.

Abgesehen von einigen Vögeln und eifrig Manuka-Honig sammelnden Bienen sind wir allein unterwegs, bis wir plötzlich vor einem riesigen Höhleneingang stehen, den die Goldsucher „Ballsaal" nannten. Sie

Spalten und Hohlräume schnell klar, in welche Gefahr sich Haast zuweilen begeben musste. Einer seiner größten Erfolge war die Vermessung und Kartierung eines Passweges über die zentralen Südalpen, der noch immer als Haast-Pass Ost und West verbindet.

Entspannter lassen sich heute die Südalpen von Greymouth aus mit dem Panoramazug des TranzAlpine überwinden. Bei der etwa fünfstündigen Fahrt ziehen spektakuläre Landschaften an den Augen des Betrachters vorbei, die Haast 1860 bei einer siebenmonatigen Expedition

Im Lake Matheson spiegeln sich die beiden höchsten Gipfel der Südalpen.

Michael Juhran

Michael Juhran ist als Reisejournalist und Mitautor von Büchern tätig. Er lebt in Königs Wusterhausen bei Berlin.

In Christchurch ist eine Stadtführung mit Ashley Jefferys sehr zu empfehlen.

bereiste und kartografierte. Schneebedeckte Gipfel wechseln sich mit verwitterten Felslandschaften und tiefen Canyons ab, so dass die Reise nach Christchurch wie im Fluge vergeht.

Christchurch ist auch meine letzte Station, hier vollendete Haast sein Lebenswerk. Indem er einige der in aller Welt begehrten Moa-Knochen gegen andere Museumsexponate eintauschte, gelang es ihm, eine eigene Sammlung von nahezu 8000 Ausstellungsstücken aufzubauen, mit denen er 1863 das Canterbury Museum gründete und die Provinzregierung dazu brachte, einen prächtigen Neubau für das Museum zu unterstützen. „Leider ist das 1870 fer-

Chefkurator Paul Scofield zeigt einen Moa-Knochen aus dem Canterbury Museum

tiggestellte Gebäude aufgrund einer Renovierung bis 2029 geschlossen", berichtet Chefkurator Paul Scofield bei einem Treffen.

Doch einige der Exponate, wie eine Nachbildung eines Moas und Moa-Knochen können Besucher auch in einer Interimsausstellung im nahen Zentrum für Gegenwartskunst bewundern. Paul begleitet mich noch zum benachbarten ehemaligen Collegegebäude, in dem Haast Geologie und Paläontologie lehrte und 1876 zum Professor ernannt wurde. Schließlich endet unsere gemeinsame Tour am Grab Haasts. „1887 verlor Neuseeland seinen ersten großen Wissenschaftler", resümiert Paul. „Für seine großen Verdienste wurde er zu Lebzeiten vom österreichischen Kaiser und von der Königin Englands in den Ritterstand erhoben und Neuseeland wird ihm ewig dankbar sein."

In der Interimsausstellung ist auch die Nachbildung eines Moa zu sehen.

Wer mag, kann Dinner und Stadtrundfahrt in Christchurch zeitgleich genießen.

newzealand.com

ANREISE

Z.B. mit Qatar Airways über Doha nach Auckland, weiter mit Air New Zealand nach Nelson, hin und zurück ab ca. 2300 €. Zur Einreise müssen deutsche Staatsbürger im Besitz eines Rück- oder Weiterflugtickets sein und auf Verlangen den Nachweis über genügend Mittel zur Finanzierung des Aufenthalts vorlegen können. Sie benötigen weiterhin eine elektronische Einreisegenehmigung NZeTA. Für Leihautos wird ein internationaler Führerschein benötigt.

ÜBERNACHTEN

- Nelson: z.B. Rutherford Hotel, *rutherfordhotel.nz*, ab ca. 200 NZD
- Pohara: Ratanui Lodge, *ratanuilodge.com*, ab ca. 350 NZD
- Franz Josef: Rainforest Retreat, *rainforest.nz*, ab ca. 230 NZD

AKTIVITÄTEN

- Kajaktouren am Abel Tasman National-park: *abeltasmankayaks.co.nz*
- Farewell Spit Tour (Dünenlandschaft im äußersten Nordwesten ab Collingwood): *farewellspit.com*
- Wanderung an den Pancake Rocks: *newzealand.com/de/punakaik*
- Helikopterflug auf den Fox-Gletscher: *foxguides.co.nz*
- Wanderungen am Fox-Gletscher: *newzealand.com/de/feature/lake-matheson*
- Wanderungen am Franz-Josef-Glet-scher: *doc.govt.nz/parks-and-recreation/ places-to-go/west-coast/places/west-land-tai-poutini-national-park/things-to-do/tracks/peters-pool-walk*
- Panorama-Bahnfahrt von Greymouth nach Christchurch: *greatjourneysofnz. co.nz/tranzalpine*
- Walking Food Tour in Christchurch: *amikitours.com*
- Delfinbeobachtung in Akaroa: *akaroadolphins.co.nz*

360° Kalender

Azoren 2025

Bretagne 2025

Dolomiten 2025

Island 2025

Premiumkalender	Format 50 x 35 cm
Alpen	978-3-96855-557-7
Australien	978-3-96855-510-2
Azoren	978-3-96855-539-3
Bayerische Alpen	978-3-96855-542-3
Berlin	978-3-96855-532-4
Bretagne	978-3-96855-527-0
Costa Rica	978-3-96855-536-2
Dolomiten	978-3-96855-518-8
Europas Magische Orte	978-3-96855-538-6
Gardasee	978-3-96855-517-1
Griechenland	978-3-96855-534-8
Hawaii	978-3-96855-523-2
Irland	978-3-96855-522-5
Island	978-3-96855-514-0
Japan	978-3-96855-531-7
Kanada – Der Westen	978-3-96855-511-9
Kanada – Nova Scotia	978-3-96855-529-4
Lofoten	978-3-96855-525-6
Namibia	978-3-96855-520-1
Neuseeland	978-3-96855-513-3
Nordlichter	978-3-96855-524-9
Norwegen	978-3-96855-519-5
Schottland	978-3-96855-515-7
Schweden	978-3-96855-535-5
Schweiz	978-3-96855-526-3
Sizilien	978-3-96855-540-9
Skandinavien	978-3-96855-530-0
Südsee	978-3-96855-537-9
Südtirol	978-3-96855-516-4
Sylt	978-3-96855-533-1
Toskana	978-3-96855-521-8
USA – Der Westen	978-3-96855-512-6
Vietnam	978-3-96855-528-7
Wales	978-3-96855-541-6

Jeweils 14 Kalenderblätter, Spiralbindung

26,95 €

360° medien I Nachtigallenweg1 I 40822 Mettmann I www.360grad-medien.de I info@360grad-medien.de

TRAUMKALENDER 2025
GEGEN FERNWEH

360° Südtirol 2025

360° Schottland 2025

360° Toskana 2025

360° Vietnam 2025

360° Exklusivkalender

NORWEGEN 2025
Limited Edition

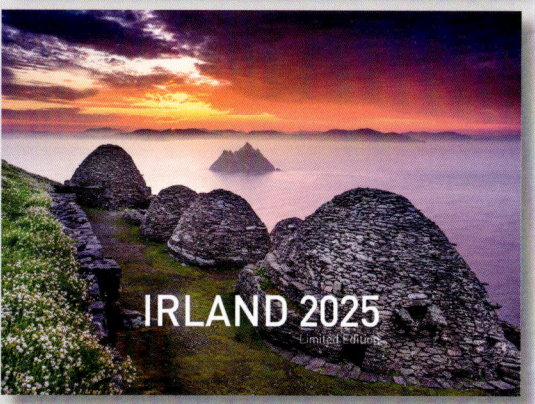

IRLAND 2025
Limited Edition

Exklusivkalender | Format 70 x 50 cm

Australien	978-3-96855-544-7
Euopas Hoher Norden	978-3-96855-547-8
Irland	978-3-96855-551-5
Island	978-3-96855-546-1
Japan	978-3-96855-550-8
Kanada	978-3-96855-549-2
Namibia	978-3-96855-554-6
Neuseeland	978-3-96855-543-0
Norwegen	978-3-96855-545-4
Schottland	978-3-96855-552-2
Südtirol & Dolomiten	978-3-96855-553-9
USA – Der Westen	978-3-96855-548-5

Jeweils 14 Kalenderblätter, Spiralbindung

49,95 €

Mehr Infos und alle Kalenderblätter unter:
360grad-medienshop.de/kalender
Versandkostenfreie Lieferung innerhalb Deutschlands!

Mahia Peninsula

Ein Kiwi-Ferienparadies

Jenny Menzel

Jenny Menzel ist freie Journalistin, Lektorin und Reiseführer-Autorin, sie lebt und arbeitet in Dresden. Mit ihrem Mann und drei Kindern geht sie regelmäßig auf Entdeckungsreise in fernen Ländern. Von ihrem Traumreiseziel Neuseeland kommt Jenny Menzel nicht mehr los; bei einer spontan gebuchten Rundreise nach dem Filmstart von „Herr der Ringe" hat sie sich Hals über Kopf in das Land verliebt. Seitdem zieht es sie und ihre Familie immer wieder ins Land der langen weißen Wolke, um jede Ecke der beiden Hauptinseln zu erkunden – auf der Suche nach spannenden Orten abseits der ausgetretenen Pfade des Massentourismus.

Sanfte Hügel, steile Klippen, weite Blicke – das ist Mahia

D ie unscheinbare Mahia Peninsula ist eine ganz besondere Halbinsel; dem wird jeder beistimmen, der sich die Zeit nimmt, den kleinen Landzipfel am nördlichen Ende der Hawke's Bay zu entdecken. Ihre zwei Seiten könnten gegensätzlicher nicht sein, und doch verbinden sie sich zu einem harmonischen Ganzen. Der vollständige Name von Mahia, Te Mahia Mai Tawhiti, bedeutet auf in der Sprache der Māori so viel wie „ein Raunen von Heimat".

Ursprünglich eine richtige Insel, ist das Land durch angespülten Sand allmählich an das Festland herangewachsen. In der Wal-Community scheint dies noch nicht allgemein bekannt zu sein, denn immer wieder stranden die Meeressäuger hier. Für gute Nachrichten sorgte dagegen zwischen 2007 und 2009 der Delfin Moko, der immer wieder freiwillig mit Badenden Kontakt aufnahm und sogar eine Pottwal-Kuh und ihr Kalb „rettete".

Neuseeländer aus Gisborne und Napier wissen die Schönheit der Mahia Peninsula zu schätzen und kommen seit Jahrzehnten hierher zum Camping, viele Familien besitzen Ferienhäuser (Baches) am Strand. Der Immobilienhype hat allerdings auch von Mahia Besitz ergriffen, und seit sogar der Lonely Planet die Halbinsel als „Kreuzung aus Santorini und den Klippen von Dover" lobpreist, dürften die Tage der Abgeschiedenheit gezählt sein.

Vor allem in den Sommerferien besteht gefühlt die ganze Mahia Peninsula nur aus Badegästen, die hier schwimmen, tauchen und angeln. Das kann man je nach Geschmack am geschützten, ruhigen, weißsandigen Mahia Beach tun, von wo der Blick an klaren Tagen bis nach Napier

reicht; oder man fährt die wenigen Kilometer zum breiten, schwarzsandigen Black's Beach und genießt dort das Ende-der-Welt-Gefühl, das man sonst nur an der Westküste der Nordinsel bekommt.

Das Wairoa Lighthouse stand früher auf Portland Island

Besonders bei Sonnenuntergang ist Mahia Beach, der nach Westen schaut, wunderschön. Am südlichen Ende des Strandes ragt der fotogene Mokotahi-Felsen auf, der über einen schmalen Pfad zu besteigen ist – auch von hier oben ist die Sicht superb.

Hinter dem Strand und dem in den Dünen liegenden Campingplatz führt die geschotterte Kinikini Road etwa sieben Kilometer zu einem Rundweg. Dieser vier Kilometer lange und überraschend anspruchsvolle Mahia Peninsula Scenic Reserve Track verläuft an einem Bachbett entlang durch dichten, ursprünglichen Wald zu einem Aussichtspunkt auf die Wairoa-Küste und bietet eine nette Abwechslung vom ewigen Sonnenbaden.

Die schönste Seite der Mahia Peninsula ist aber sicherlich ihre östliche. Die Stich-

Mahia Beach ist eingerahmt von hohen Sandsteinklippen

straße, die hier an der Küste entlangführt, berührt kalkweiße, an Südengland erinnernde Steilküsten, enge Kalksteinhöhlen, versteckte Strände und kleine Pools in den Klippen. Das alles ist so „scenic" und fotogen, dass man spätestens jetzt dem Charme der Mahia Peninsula verfallen und nie mehr wegwollen wird.

LAGE

Die Mahia Peninsula liegt zwischen Napier und Gisborne, etwa eine Stunde Fahrt von Gisborne entfernt. Sie trennt das East Cape von der Hawke's Bay.

AKTIVITÄTEN

- Jeden Sonntag Vormittag finden die Mahia Seaside Markets unter freiem Himmel, direkt an der Küste von Mahia statt (bei Regen weicht man in die Motokahi Hall aus).
- Der 4,5 Kilometer lange Rundweg Mahia Peninsula Scenic Reserve Track beginnt sieben Kilometer südlich des Mahia Beach, am Ende der Kinikini Road, Laufzeit etwa 2,5 Stunden.
- Bevor man vom SH 2 auf die Mahia Peninsula einbiegt, sollte man neun Kilometer nördlich von Nuhaka einen Stopp bei den Morere Hot Springs einlegen. Die einfachen Becken liegen direkt im Wald.

- In Nuhaka kann der mit reichem Schnitzwerk verzierte Marae der Kahungunu Community bewundert werden.

UNTERKUNFT

Mahia Beach Holiday Park: direkt am Strand mit vielen Pohutukawa-Bäumen und abgetrenntem Zeltplatz, 130 Stellplätze, 43 Moana Drive, Mahia Beach, *mahiaholidaypark.nz*

Katiki Point: Pinguine hautnah

Von Jenny Menzel

Dieser Strand ist für Menschen tabu!

V iele Reisende halten am Moeraki Beach nördlich von Dunedin, um die geheimnisvollen und fotogenen Moeraki Boulders zu bestaunen, die wie von Riesenhand verstreut am Strand herumliegen. Nur wenige fahren bis an den südlichsten Zipfel der Moeraki Peninsula. Dabei wartet dort die eigentliche Attraktion dieser Gegend ...

... und zwar die größte Brutkolonie der nur in Neuseeland lebenden und vom Aussterben bedrohten Gelbaugenpinguine. Etwas größer und vier- bis achtmal schwerer als ihre nur 40 Zentimeter großen Vettern, die niedlichen Zwergpinguine (auf Englisch (Little) Blue Penguins, auf Māori: Koraro), erkennt man die Gelbaugenpinguine (auf Māori: Hoiho) auch als Laie sehr einfach an ihrem gelben „Kopfband".

Katiki Point ist der Brutplatz vieler Gelbaugenpinguine – noch ...

BUCHTIPP: Neuseeland – Südinsel
50 Tipps abseits der ausgetretenen Pfade
Dieses Buch stellt 50 aufregende oder märchenhaft stille Ziele und Wanderwege auf Neuseelands Südinsel vor, die kein klassischer Reiseführer verzeichnet. Einige sind einfach zu finden, andere liegen sehr versteckt. Abseits der ausgetretenen Pfade ist Neuseelands Südinsel noch genau das Paradies, mit dem uns die Hochglanzbroschüren der Reiseveranstalter verzaubern wollen.

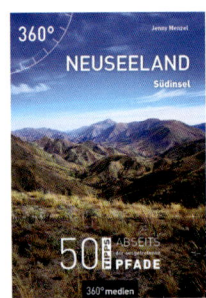

Neuseeland – Nordinsel abseits der ausgetretenen Pfade, Jenny Menzel
360° medien, 3. aktualisierte Auflage 2025 (erscheint am 16.12.2024)
240 Seiten, Preis: 16,95 EUR
ISBN: 978-3-96855-568-3
Bestellbar im Buchhandel und unter *360grad-medienshop.de/Neuseeland-Suedinsel*

Vorsichtig laufen – die Seebären legen sich auch gern mal oben auf den Weg.

Der Zugang zum Strand selbst ist inzwischen durch einen blickdichten Bretterzaun versperrt. Besucher werden gebeten, ihre Beobachtungen ausschließlich von den weiter entfernten Stellen aus anzustellen. Von hier sieht man mit einem Fernglas und etwas Geduld nicht nur Gelbaugenpinguine, sondern auch Zwergpinguine, Rußseeschwalben, Tüpfelscharben, diverse Austernfischer und viele weitere Seevögel.

Bonus: Läuft man weiter zur Spitze der kleinen Halbinsel, sieht man mit ziemlicher Sicherheit auch noch eine Menge behäbiger Seebären (Kekeno), die sich auf den flachen Felsplateaus am Strand in der Sonne aalen. Manchmal liegen sie auch oben auf den Klippen im Gras – also Augen auf!

52 Meter über diesem Naturschauspiel thront auf einem Hügel der 1878 errichtete, acht Meter hohe, holzgetäfelte und schneeweiß gestrichene Leuchtturm von Katiki Point. Sein LED-Leuchtfeuer blitzt automatisiert alle zwölf Sekunden auf. Von seinem Fuß bietet sich ein wunderschönes Panorama der Küstenlinie im Süden. Das genießen sicher auch die kranken und verletzten Pinguine und Seevögel, die im benachbarten ehemaligen Leuchtturmwärterhaus gesund gepflegt werden.

Freiwillige Helfer des gemeinnützigen Vereins Penguin Rescue NZ sorgen für die Vögel, informieren Besucher über den Artenschutz und wie sie sich am besten

Auch viele Seebären machen es sich hier gemüt-lich.

verhalten, um die frei lebenden Pinguine nicht zu stören.

Denn wenn wohlmeinende Touristen in zu großer Zahl an den Stränden stehen und den Pinguinen für den besten Insta-gram-Schnappschuss zu sehr auf die Pelle rücken, reagieren diese mit Rückzug. Sie verlassen ihre Jungen, die allein im Uferge-strüpp auf Futter warten, oder sie suchen sich für die Eiablage gleich einen anderen Platz – einen, der eventuell nicht so ideal zum Brüten geeignet ist, weil dort wilde Katzen, Wiesel und andere eingeschlepp-te Feinde warten und keine freiwilligen Helfer da sind, um aufzupassen.

In den letzten Jahren musste Penguin Rescue leider feststellen, dass die Pingui-ne an Touristen-„verseuchten" Stränden signifikant weniger Nachkommen aufzie-hen. Beim Gelbaugenpinguin, der sowieso nur an wenigen Stellen im Südosten der Südinsel nistet, hat so etwas verheerende Auswirkungen auf den Bestand, der aktu-ell auf weniger als 4000 Tiere geschätzt wird.

Wie auch an allen anderen Küsten der Südinsel, wo sich Pinguine beobachten lassen, gilt daher am Katiki Point: Abstand halten! Sonst wird in absehbarer Zeit ent-weder kein Pinguin mehr am Katiki Point an Land gehen, oder die Halbinsel wird für Besucher komplett gesperrt.

LAGE
Katiki Point liegt an der südlichen Spitze der Moeraki Peninsula, etwa 80 Kilometer nördlich von Dunedin.

HINWEISE
- Die Gelbaugenpinguine kann man am besten morgens beob-achten, wenn sie „zur Arbeit gehen", oder am späten Nach-mittag, wenn sie von der Jagd zu ihren Küken heimkehren. Ihre Küken schlüpfen im November und Dezember. Zwerg-pinguine kommen erst in der Abenddämmerung an Land. Ihre Jungen schlüpfen zwischen März und Mai.
- Die Fortpflanzungszeit der Seebären ist der neuseeländische Sommer. Im November und Dezember hat man gute Chancen auf süße Seebärenbabys. Besonders in dieser Zeit ist Ab-standhalten anzuraten, da die Eltern sehr aggressiv werden können, wenn man ihnen zu nahe kommt oder ihnen den Weg zum Meer versperrt!
- Vom Besucherparkplatz gelangt man auf einem kurzen Weg direkt an den Oststrand. Der Pfad führt von hier an der Küste entlang weiter bis an die Spitze der Halbinsel. Dabei kann man mit Glück weitere Pinguinnester am Strand entdecken.
- Wenn Pinguine oder Seebären auf dem Fußweg angetroffen werden, heißt es unbedingt Abstand halten, sie ungehindert passieren lassen und nicht „umstellen", nicht mit Blitzlicht fotografieren oder mit Futter anlocken. Der Mindest-abstand liegt bei zehn Metern! Diese Selbstverständ-lichkeiten werden leider von vielen Touristen vergessen oder ignoriert.
- Augenscheinlich kranke Tiere oder verlassene Jungtiere dürfen auf keinen Fall angefasst oder gar mitgenommen werden!

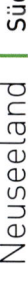

Te Araroa –
the long pathway

3029 Kilometer zu Fuß durch Neuseeland: Ein Erfahrungsbericht

A m 28. Oktober 2023 stand ich beim Leuchtturm am Cape Reinga, dem nördlichsten Ende der Nordinsel Neuseelands. Auf meinem Rücken mein viel zu schwerer Rucksack, um meinen Hals meine Kamera, in der rechten Hand meine Wanderstöcke. Ich lief zu dem Wegweiser, der Distanzen zu verschiedenen Orten auf der Welt und in Neuseeland anzeigt. Einer dieser Orte ist Bluff und wird mit 1452 Kilometer Luftlinie angegeben. Genau dort möchte ich in den nächsten Monaten auf dem Fernwanderweg Te Araroa hin laufen. Nur dass ich auf diesem Weg mehr als das doppelte an Kilometern bewältigen muss. Ich berührte den Wegweiser und es wurden noch ein paar Bilder gemacht. Der Startschuss für mein großes Abenteuer war gefallen.

Start am Cape Reinga

Northland: Der schwierige Start

Die ersten Kilometer auf dem offiziellen Weg waren zu dieser Zeit noch gesperrt und so blieb uns nichts anderes übrig als diese entlang der Straße zu laufen bis wir zum Ninety Mile Beach gelangten. Zusammen mit Vicky (aus England), die ich zuvor im Hostel kennengelernt hatte, startete ich an diesem Tag. Über den Te Paki Stream erreichen wir nach 24 Kilometern dann endlich den Ninety Mile Beach. Auf diesem liefen wir in den folgenden Tagen zwar nicht ganz 90 Meilen aber immer-

Am Ninety Mile Beach

hin ungefähr 80 Kilometer. Was sich nach einem schönen Spaziergang am Strand anhört entwickelte sich zum ersten Test unserer Willenskraft. Denn kilometerlang am Strand entlangzulaufen ist nicht nur anstrengend, im teilweise weichen Sand mit leichtem Gefälle, sondern auch unendlich langweilig.

Am zweiten Tag mussten wir uns zusätzlich noch durch einen Zyklonausläufer kämpfen, der uns den Sand nur so um die Ohren peitschte. Mit schmerzenden Sehnen an den Füßen bei mir und einigen Blasen an Vickys Füßen mussten wir gezwungenermaßen gleich am dritten Tag einen Pausentag einlegen. Am vierten kämpften wir uns dann unter Schmerzen über die letzten Kilometer am Strand, bis wir diesen in Ahipara endlich in Richtung Zivilisation verlassen konnten. Mit diesen Schmerzen konnten wir nicht weiter laufen, wir mussten ein paar Tage Zwangspause einlegen.

Nach einigen Ruhetagen waren unsere Schmerzen zwar noch nicht weg, aber der Wille des Weiterlaufens zu stark. Daher machten wir dort weiter, wo wir zuvor aufgehört hatten und steuerten direkt auf den nächsten Härtetest zu. Vor uns lag der Raetea Forest, ein Waldgebirgszug, der für seinen Matsch berühmt und berüchtigt ist. Die meisten Wanderer laufen eine Alternativroute, das kam für uns allerdings nicht in Frage. Wir stellten uns dem Matsch. Sauber bleibt hier niemand und am Anfang nahmen wir es noch mit Humor. Der Anstieg bis zum Gipfel war weniger schlimm als gedacht, der Abstieg und die weiteren Kilometer im Anschluss im Matsch waren dafür umso schlimmer. Nicht nur einmal rutschte ich im Matsch aus. Zudem begannen meine Sehnen an den Füßen erneut zu schmerzen. Nach 20 Kilometern und elf Stunden erreichte ich vollkommen erschöpft das Camp. Ich war die Letzte aus der Gruppe doch die anderen versuchten mich aufzumuntern: „Wer den Strand und diesen Wald schafft, der schafft den ganzen Walk". Und sie sollten recht behalten.

Im Pukeki Forest ...   *... führte der Track durch einen Fluss.*

Wir waren mittlerweile eine kleine Gruppe an Leuten, in der jeder tagsüber sein eigenes Tempo lief und man sich abends im Camp wieder traf. Gelegentlich liefen wir aber auch zusammen, besonders, wenn schwerere Abschnitte bevorstanden, wie beispielsweise der Puketi Forest. Der Track führte in einer Schlucht ein paar Kilometer durchs Wasser. Glücklicherweise war der Fluss ruhig und das Wasser reichte mir an den tiefsten Stellen bis zum Oberschenkel. Nur an einer Stelle gab es eine stärkere Strömung, bei der wir uns gegenseitig unterstützen mussten.

Als wir nach einigen Tagen dann den nächsten Ort erreichten, trennten sich häufig wieder die Wege. Einige legten Pausentage ein, andere liefen direkt weiter. Von Paihia aus bildete sich meine erste kleine Trail Family. So nennt man eine Gruppe, mit der man über längere Zeit auf dem Trail zusammen unterwegs ist. Tatsächlich blieb diese Trail Family die nächsten 350 Kilometer bis nach Auckland bestehen. Wir meisterten zusammen die ersten größeren Flussdurchquerungen und den ersten Kajak-Abschnitt auf dem Trail

mit einer Länge von acht Kilometern. Wir versuchten uns bei Laune zu halten, wenn wir wieder einen längeren Strandabschnitt vor uns hatten oder Road Walking anstand und feierten gemeinsam den ersten Meilenstein nach 500 Kilometern.

Von Auckland bis Hamilton

Je näher Auckland rückte, desto mehr Zivilisation war um uns herum. Die Küstenvororte von Auckland sind schön und es sind Orte, die ich auf vorherigen Reisen durch Neuseeland noch nie kennengelernt hatte, aber ich sehnte mich zurück in die Natur. Daher versuchte ich diesen Teil so schnell wie möglich hinter mich zu bringen. So passierte es auch, dass sich unsere Trail Family in Auckland trennte und ich die ganze folgende Woche bis nach Hamilton komplett alleine auf dem Trail unterwegs war. Ich traf keine anderen Wanderer, was teilweise daran liegen mag, dass viele diesen Abschnitt ganz überspringen. Es war auch der am wenigsten schöne Abschnitt auf dem ganzen Trail, da er an zahlreichen Straßen entlang führte, zwei Kilometer lang sogar direkt am Highway 2. Als ich dann

Wegweiser

einige Kilometer hinter Hamilton das erste Mal durch eine typisch neuseeländische grüne Hügellandschaft lief und wieder mehr Natur um mich herum hatte, konnte ich den Trail endlich wieder genießen.

Trail Angel

Weniger Zivilisation heißt auch weniger Möglichkeiten zum Übernachten, denn oft läuft man über Privatland und kann sein Zelt nicht einfach irgendwo aufschlagen, besonders auf der Nordinsel nicht. So hat es sich im Laufe der Zeit ergeben, dass Leute wie Joe, an deren Grundstück der Trail vorbei läuft, eine Möglichkeit zum Übernachten für Hiker eingerichtet haben. Meist gegen einen kleinen Kostenbeitrag, der hier auf Te Reo Māori als „Koha" bezeichnet wird.

Mit dem Mountain Bike auf dem Timber Trail

konnten wir für knapp 80 Kilometer, auf zwei Tage verteilt, auf ein Mountainbike umsteigen. Neben der wohltuenden Pause für unsere Füße machte es Spaß, mit den Rädern die Berge rauf und runter und über mehrere Hängebrücken zu fahren. Außerdem konnten wir den nächsten Meilenstein feiern, als wir die 1000-Kilometer-Marke erreichten. Ein Drittel des Trails war geschafft und der schönste Teil sollte noch vor uns liegen.

Vulkanlandschaften und im Kanu entlang des Whanganui Rivers

Von nun an jagte ein Highlight das nächste. Der Te Araroa führte uns direkt durch den Tongariro National Park. Das berühmte Tongariro Alpine Crossing war Teil unseres Trails und es war ungewohnt, so vielen Tageswanderern zu begegnen. Ab und an wurden wir mit unseren großen Rucksäcken etwas komisch beäugt. Da wir aber in die entgegengesetzte Richtung der ganzen Tageswanderer liefen, hatten wir die ganze eindrucksvolle Vulkanlandschaft für uns allein. Bei strahlendem Sonnenschein schimmerten die Emerald Lakes in ihren unterschiedlichen Blau- und Grüntönen und vom Red Crater aus hatten wir eine grandiose Aussicht.

Trail Angel Joe hat für die hungrigen Hiker ein reichhaltiges Abendessen gezaubert.

Der Timber Trail

Seit einigen Tagen hatte sich eine neue kleine Trail Family gebildet. Tagsüber lief ich meist alleine, um die Landschaft zu genießen und dabei viel zu fotografieren. Genau so sehr freute ich mich abends dann bekannte Gesichter im Camp zu sehen und mich mit ihnen über den Tag auszutauschen. So traten wir auch in einer kleinen Gruppe zusammen den Timber Trail an.

Der Timber Trail ist eine Mountainbike-Strecke und Teil des Te Araroa. Somit

Auf dem Tongariro Alpine Crossing ...

Nur die letzten Kilometer bis ins Whakapapa Village zogen sich und nach 35 Kilometern und zahlreichen Höhenmetern an diesem Tag hatten wir uns einen Pausentag wahrlich verdient. Gekrönt wurde dieser mit einem „All you can eat"-Frühstücksbuffet im „Skotel", welches sich keiner hier entgehen ließ.

Als wir den Tongariro National Park hinter uns ließen, näherten wir uns dem Whanganui River. Hier stiegen wir für fünf Tage auf ein Kanu um, um diesen Teil des Trails bis nach Whanganui zu paddeln. Da wir auf diesem Abschnitt unsere

... zogen sich die letzten Kilometer.

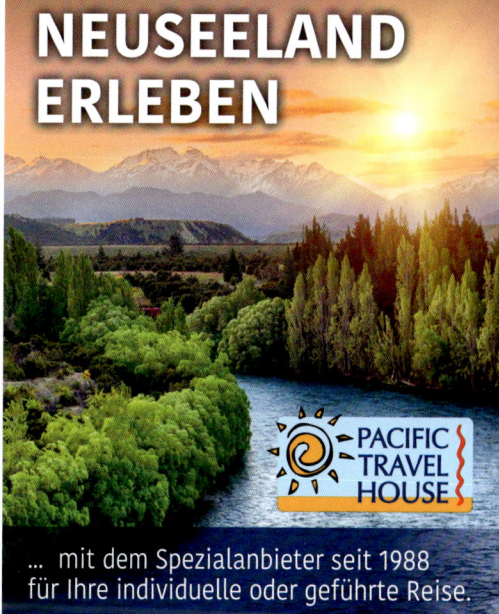

Mit dem Kanu auf dem Whanganui River

Abends mussten die Tonnen mit Gepäck und Vorräten zum Camp getragen werden.

chen Laufen. Ein kleiner Ausflug zu Fuß zu der „Bridge of nowhere", welche eben nur vom Fluss aus über einen Wanderweg erreichbar ist, zählte man da nicht mit. Die restliche Zeit verbrachten wir damit, die eindrucksvollen wild bewachsenen Felswände, durch die sich der Fluss in einer Schlucht schlängelte, zu bewundern und zu versuchen, in den Stromschnellen das Kanu nicht zu versenken. Doch so schön die gemeinsame Zeit auf dem Fluss war, nach fünf Tagen konnten wir es kaum erwarten, endlich wieder zu laufen und nicht mehr paddeln zu müssen.

Weihnachten und Silvester auf dem Trail

Einige blieben über die Feiertage in Whanganui, andere liefen weiter. So war Heiligabend ein ganz normaler Tag wie jeder andere auch, zumindest fast. Denn er startete mit einem leckeren Frühstück, welches die Trail Angel Rob und George für uns zauberten. Ich war froh, dass sie mir zusagten, meinen Freund, der mich auf dem Trail besuchte, und mich trotz der anstehenden Feiertage für eine Nacht zu beherbergen.

Nach den Feiertagen stand uns die wohl härteste Etappe des ganzen Trails bevor. Die nächsten Tage führten entlang der Tararua Range. Zahlreiche steile Anstiege, technisch anspruchsvolle Wege und eine Menge Matsch erwarteten uns. Zu fünft stellten wir uns diesem Abenteuer, das die ersten Tage durch viel Regen geprägt war. So erreichten wir auch Silvester klatschnass unsere erste Berghütte und machten es uns gemütlich. Pünktlich zur Hiker Midnight stießen wir um 21 Uhr aufs neue Jahr an und gingen dann alle zu Bett, schließlich stand uns wieder ein langer und anstrengender Tag bevor. Nur zufällig wachte ich gegen Mitternacht auf und überraschenderweise hatten sich die Wolken etwas gelichtet und gaben den Blick aufs Tal frei. Hier oben pfiff nur der Wind, sonst war es ganz still. In der Ferne glitzerte das Feuerwerk und läutete das neue Jahr ein.

Rucksäcke nicht tragen mussten und diese gut verstaut in Tonnen bei uns mit im Kanu waren, konnten wir uns mit ganz viel leckerem Essen eindecken.

Einzig die Tatsache, dass wir die Tonnen vom Kanu abends ins Camp tragen mussten, welches nicht immer direkt am Fluss war, hatten wir dabei außer Acht gelassen. Die Zeit auf dem Kanu war zunächst eine willkommene Abwechslung zum tägli-

Das Ende der Nordinsel

Der Morgen war noch wolkenverhangen und ungewohnt kalt, während wir uns bereits die ersten Gipfel der Range hinauf kämpften. Wenigstens regnete es nicht und mit der Zeit verzogen sich auch die Regenwolken und gaben wunderschöne Aussichten frei. Wenn wir nicht gerade einen matschigen Bergkamm entlang kraxelten, führte der Weg durch verwunschene Zauberwälder. Erschöpft erreichten wir nach einer Woche endlich wieder die Zivilisation. Doch an Pause war nicht zu

Zeltlager mit Ausblick ...

Melina Keil

Melina hat Kommunikationsdesign studiert und sich währenddessen als Fotografin selbstständig gemacht. Seit einem Schüleraustausch nach Australien ist das Fernweh ein ständiger Begleiter. Ob auf Safari in Afrika, beim wandern in den Bergen Neuseelands oder auf einem Roadtrip durch Australien: Die Kamera und das Notizbuch sind immer dabei, um im Anschluss von diesen Abenteuern zu berichten. Besonders an Australien und Neuseeland hat sie ihr Herz verloren weshalb es sie immer wieder in beide Länder zurück zieht.

Die Richmond Range ist eine der anspruchsvollsten Etappen des Te Araroa ...

denken, denn noch trennten uns knapp 100 Kilometer von Wellington und unsere Fähre auf die Südinsel war bereits in vier Tagen für den Vormittag gebucht. Die letzten drei Tage auf der Nordinsel führten uns auf dem Trail durch kleinere Orte, entlang eines Strandes und über mehrere Hügel bis nach Wellington und einmal quer durch die Stadt. Nach 70 Tagen erreichte ich im Shortland Park den Stein, der das Ende des Trails auf der Nordinsel markiert. Die ersten 1715 Kilometer waren geschafft!

Endlich auf der Südinsel

Wir nahmen die erste Fähre am Morgen nach Picton. Dort hatten wir noch ein paar Stunden Zeit, bevor uns ein Boot zur Ship Cove brachte, dem Beginn des Trails auf der Südinsel. Von dort aus liefen wir die nächsten Tage entlang des Queen Charlotte Tracks. Immer wieder boten sich uns traumhafte Aussichten auf den Queen Charlotte Sound und seine zahlreichen kleinen Buchten. Die Buchten eigneten sich auch perfekt für eine kleine Abkühlung zwischendurch, denn mittlerweile hatte es hier in Neuseeland hochsommerliche heiße Temperaturen.

Richmond Range

Das Wetterglück schien auf unserer Seite zu sein und so wollten wir keine Zeit verschwenden, um auf der nächsten Etappe in die Richmond Range zu starten. Sie zählt zu den anspruchsvollsten Etappen des Trails mit unzähligen Höhenmetern, die überwunden werden müssen, aber auch einigen Flussdurchquerungen. Da es die letzten Tage trocken und heiß war, sollten die Flüsse nicht allzu schwer zu durchqueren sein. Unsere Rucksäcke waren schwer bepackt mit Essen für bis zu neun Tage.

Aber mittlerweile machte sich unsere Trail-Fitness bemerkbar und so schafften wir einige Kilometer und Höhenmeter jeden Tag. Belohnt wurden wir zwischendrin immer wieder mit wunderschönen Aussichten oder kleinen natürlichen Pools entlang der Flüsse, in denen wir uns an den heißen Tagen abkühlen konnten. Auch die Flussdurchquerungen waren – wie erwartet – durch die niedrigen Wasserstände und die wenige Strömung unproblematisch. Dass sich die Witterung innerhalb

... mit einigen Flussquerungen.

von wenigen Stunden rapide ändern kann, durften wir nur wenige Tage später selbst erleben. Erst am letzten Tag in der Richmond Range verließ uns das Wetterglück und wir waren stolz, diesen Teil ebenfalls erfolgreich hinter uns gebracht zu haben.

Nelson Lakes National Park

Das Wetterglück hatte uns verlassen und es schien auch so schnell nicht wieder kommen zu wollen. So saßen wir in Saint Arnaud und planten die nächste Etappe. Nur ein einziger Tag schien in der folgenden Woche trocken zu sein. Wir mussten direkt weiter laufen, um an dem trockenen Tag den schwierigsten Teil der Etappe, den Waiau Pass, überqueren zu können. Auf diese Etappe hatte ich mich am meisten gefreut, da sie eine der schönsten des ganzen Trails sein soll.

Glücklicherweise war es auch trotz des Regens sehr eindrucksvoll, wenn die Wolken die Sicht frei gaben. Jeden Abend konnten wir am Feuer in den Backcountry-Hütten, welche wir bei dem Wetter unserem Zelt vorzogen, unsere nasse Kleidung trocknen und uns aufwärmen.

Wie angekündigt stellte sich perfektes Wetter ein als wir den Waiau Pass überqueren mussten. Doch zuerst führte uns der Weg am Blue Lake vorbei, einem der klarsten Seen der Welt. Hier ist es wichtig genügend Abstand zum See zu halten um ihn zu schützen und die Māori-Kultur zu bewahren, denn für diese ist der See ein heiliger Ort.

Ganz beseelt von dieser wunderschönen Landschaft war der steilen Anstieg auf den Waiau Pass nur halb so schlimm, schließlich erwartete uns oben gleich die nächste traumhafte Aussicht. Als wir abends auf der anderen Seite unser Camp erreichen, schaffen wir es noch vor dem Gewitter und Regen, die Zelte aufzubauen. Leider hörte der Regen nicht mehr auf und als ich dachte, mein Zelt am nächsten Morgen im Regen abzubauen, wäre das schlimmste an diesem Tag, ahnte ich noch nicht, was uns durch den anhaltenden Regen noch erwartete. Direkt hinter unserem Camp war ein großer Fluss. Dieser war am Abend noch recht ruhig gewesen. Jetzt drückten sich gewaltige Wassermassen durch den Fluss und wir suchten eine lange Zeit, bis wir eine Stelle fanden, an

Unterwegs im Backcountry ...

der wir zu dritt, ineinander verkettet, den Fluss queren konnten. Nur vereint schafften wir es auf die andere Uferseite.

Canterburys Backcountry

Die nächsten Etappen waren weiterhin geprägt durch Flussquerungen. Viele standen uns bevor und wir mussten einige trockene Tage abwarten, um diese sicher bewältigen zu können. Zudem wurden die Sandflies immer aufdringlicher und die meiste Zeit suchten wir am Abend Schutz in unseren Zelten, um nicht gänzlich von ihnen zerstochen zu werden. Es folgte eine schöne Landschaft nach der anderen und so tief im Backcountry stieß man nur selten auf andere Menschen.

Die Landschaft war geprägt von goldenen Tussock-Hügeln, glasklaren Flüssen und endlosen Weiten. Genau so hatte ich es mir vorgestellt. Mit dem höchsten Punkt des Trails, dem Stag Saddle auf 1925 Metern, erreichten wir ein weiteres Highlight. Wir hatten bestes Wetter und die Aussicht auf den in der Ferne liegenden blau leuchtenden Lake Tekapo und die neuseeländischen Alpen, die sich über Horizont erstreckten, war einfach nur atemberau-

Der Stag Saddle ist der höchste Punkt des Te Araroa.

bend. Einzig der Aoraki / Mount Cook, der höchste Berg Neuseelands, versteckte sich hinter ein paar Wolken. Dieser zeigte sich dann zum Glück noch in den nächsten Tagen, als wir entlang des Lake Pukaki eine weitere Fahrrad-Etappe auf dem Trail radelten. Von nun an lagen alle Teile des

Blick auf den Lake Tekapo

Trails, die mit anderen Fortbewegungsmitteln bewältigt werden konnten (Kanu, Kajak oder Fahrrad), hinter uns.

Von Otago bis Southland

Nach so viel Zeit im Backcountry und nur kleinen Orten zwischendrin, erschlugen uns die zahlreichen Menschen in Wanaka und Queenstown förmlich. Wir konnten es kaum erwarten, die Städte wieder hinter uns zu lassen und zurück ins Backcountry einzutauchen. Natürlich nicht, ohne vorher bei einem ausgiebigen Pausentag die Vorzüge von gutem Essen in vollen Zügen zu genießen.

Als wir Queenstown hinter uns ließen schwang etwas Wehmut mit. Die letzten 300 Kilometer lagen vor uns und wenn man den Gerüchten glauben schenken durfte, war von nun an der schönste Teil auch vorbei. Glücklicherweise liefen wir aber auch in den nächsten Tagen weiterhin durch schöne Natur. Aber auch nervige Farmabschnitte und schlechte Trailabschnitte kamen wieder dazu. Die-

Zeltlager auf dem Te Araroa

se Abschnitte machten es einem dann besonders schwer weiter zu laufen. Denn an diesem Punkt waren wir alle müde.

Es endet wie es begann

Mit der Mt. Lintol Station, einer der größten Farmen der Südinsel, brachten wir den letzten großen Farmabschnitt hinter uns. Dann erreichten wir den berüchtigten Longwood Forest. Ein wunderschöner, mystisch wirkender Wald mit Moos bewachsenen Bäumen. Nur leider, wie es auch zuvor auf dem Trail in solchen Wäldern schon war, sehr matschig. Doch hier erreichte der Matsch noch einmal ein ganz neues Level. In den tiefsten Pools reichte er mir bis zur Hälfte des Oberschenkels und ich hatte Mühe, meine Schuhe dabei nicht zu verlieren.

Wir nahmen es mit Humor und freuten uns, schon ganz bald endlich mit dem

Durch oberschenkeltiefen Schlamm führte der Weg durch den berüchtigten Longwood Forest.

Matsch abschließen zu können. Als wir dann in Colac Bay aufs Meer stießen schien das Ende zum greifen nah. Die nächsten beiden Tage führten uns am Strand entlang und wir fühlten uns an den Anfang, den Nintey Mile Beach, zurückversetzt. In Oreti Beach schlugen wir dann ein letztes Mal unser Zelt auf. Unser letzter Abend auf dem Trail. Nur noch 41 Kilometer trennten uns vom Stirling Point in Bluff.

Der letzte Tag

Wir starteten früh und auch der Regen am Morgen konnte uns die Laune nicht verderben. Wir waren so kurz vor dem Ziel. Da liefen sich die letzten Kilometer fast wie von selbst, auch wenn diese zum Großteil unspektakulär neben der Straße verliefen. Wir versuchten, jeden Moment zu genießen und als wir die Treppen vom Bluff Hill in Richtung Stirling Point hinab stiegen, fing mein Herz an zu pochen. Ein paar Freudentränen kullerten mir über die Wange und als ich dann das Schild erblickte, konnte ich nicht anders als drauf los zu rennen. Einige der anderen Hiker, die an diesem Tag den Trail beendet hatten, sowie mein Partner und Freunde von mir erwarteten uns freudig am Schild. Zusammen mit meiner kleinen Trail Family Matt, Jono und Olli, mit denen ich die ganze Südinsel über zusammen war und auch einige Teilabschnitte auf der Nordinsel zusammen gelaufen bin, hatte ich es

Mystischer Waldabschnitt

bis hier her geschafft. In 128 Tagen war ich 3029 Kilometer von Cape Reinga bis nach Bluff gelaufen und konnte diesen Moment mit den Menschen teilen und zelebrieren, die mich einen großen Teil auf diesem Abenteuer begleitet haben. Wir ließen die Champagnerkorken fliegen und fielen uns in die Arme. Das konnte uns jetzt keiner mehr nehmen.

Das Ziel ist erreicht: Ankunft am Stirling Point bei Bluff

(i)

teararoa.org.nz

Der Te Araroa Trail (The Long Pathway) ist der längste Fernwanderweg Neuseelands und wurde im Dezember 2011 offiziell eröffnet. Er beginnt am Cape Reinga/Te Rerenga Wairua im Norden der Nordinsel Neuseelands und endet im Ort Bluff im Süden auf der Südinsel. Die Gesamtdistanz beträgt ca. 3030 Kilometer und wird in ca. 300 Sektionen unterteilt.

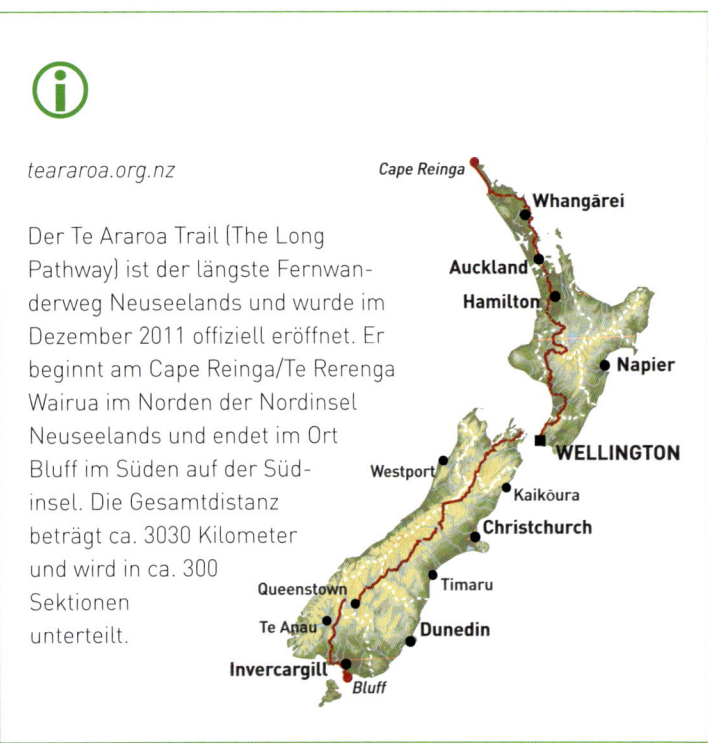

Impressum

360° DownUnder erscheint halbjährlich

360° medien
Nachtigallenweg 1 | 40822 Mettmann,
Tel.: +49 2104 50 63 -100 | E-Mail: info@360grad-medien.de
redaktion@360grad-medien.de | www.360grad-medien.de

Geschäftsführung: Christine Walter

Chefredaktion (V.i.S.d.P.): Andreas Walter
E-Mail: a.walter@360grad-medien.de

Mitarbeiter dieser Ausgabe: Barbara Barkhausen, Stephan Brünjes, Christiane Flechtner, Elke Homburg, Günter Kast, Florian Sanktjohanser

Design und Layout: 360° medien | Marc Alberti, Elke Gräfe

Anzeigenleitung:
Stefanie Heine | E-Mail: s.heine@360grad-medien.de
Tel.: +49 2104 50 63 -106

Marketing und Vertrieb, Leserservice:
Julia Schüller | E-Mail: vertrieb@360grad-medien.de
Tel.: +49 2104 50 63 -100

ISBN: 978-3-96855-586-7 | **ISSN:** 1869-8328

Vertrieb Presseeinzelhandel:
IPS Pressevertrieb GmbH, 53334 Meckenheim, www.ips-d.de
Einzelpreise im Handel: D, A, Europa: 9,50 € | Schweiz: 13,60 CHF

Abonnement 360° DownUnder (vier Ausgaben): Deutschland 32 €, Ausland EU 40 €, Ausland Welt 48 €. Das Abonnement verlängert sich automatisch um vier weitere Ausgaben, wenn es nicht sechs Wochen vor Ablauf gekündigt wird. Enthalten im Abonnement sind zusätzlich die Versandkosten und – soweit erforderlich – die gesetzliche Mehrwertsteuer.

Bildnachweise: Adobe Stock | Colin & Linda McKie S. 40/41; Mikel Arrazola S. 26mi li; Barbara Barkhausen S. 24, 27o re; Soo Chung | Unsplash S. 26mi re; Anke Fietzek S. 36-39; Jason Charles Hill S. 11u re; Elke Homburg S. 42,45, 46mi, 46u li, 47; Michael Juhran S. 50-59; Melina Keil S. 70-82; Jutta Lemcke S. 14, 15u, 18o, 19u, 20; Corinna Melville S. 32-35; Jenny Menzel S. 62-69; Peter Moers S. 10o li; Utsav Siwakoti | Unsplash S. 27o li; Tourism Australia S. 10o re, 11o li, 11o re, 25u; Tourism Australia | Time Out Australia S. 11u li; Tourism New Zealand S. 6-9, 46o li; Tourism Northern Territory | Jess Caldwell & Luke Riddle S. 29o; Tourism Northern Territory | James Fisher S. 28u, 30u, 31; Tourism Northern Territory | Shaana McNaught S. 29u; Tourism Northern Territory | Helen Orr S. 28o; Tourism Northern Territory | Ray Reyes S. 30o; Tourism Port Douglas & Daintree S. 10u; Tourism Victoria | Ewen Bell S. 16o; Tourism Victoria S. 25o, 26u; Tourism Victoria | Robert Blackburn S. 1; Tourism Victoria | Emely Godfrey S. 15o, 18u, 19o; Tourism Victoria | Julian Kingma S. 3, 12/13; Tourism Victoria | David Scaletti S. 16u; Voyages Indigenous | Tourism Australia S. 23/24;